Cuerpo General Auxiliar de la Comunidad Autónoma de Cantabria

Octubre 2024

Curso
MAD360

Cuerpo General Auxiliar

COMUNIDAD AUTÓNOMA DE CANTABRIA

Accede a tu **Curso MAD360** y disfruta de los siguientes recursos:

- Técnicas de Memoria 360.
- MADTEST: Test nivel PRO.
- Temario en formato digital.
- Planificación de estudio.
- Foro entre opositores hasta la fecha del examen.*
- Recursos y novedades exclusivas.
- Consulta sobre la oposición y el proceso selectivo.
- Actualizaciones legislativas (Boletines Oficiales) hasta 60 días antes de la fecha del examen.*

Para acceder al Curso MAD360** será necesaria la compra de todos los libros para esta especialidad de la edición 2024.

Valida los códigos que encuentras en la última página de tus libros y disfruta de la experiencia MAD360.

Infórmate en: mad.es/registro-campus

NOTA IMPORTANTE:

* Examen de esta categoría profesional correspondiente a la convocatoria publicada en el BOC n.º 190, de 1 de octubre de 2024, o hasta el 30 de noviembre de 2025, lo que se cumpla antes.

** El acceso al CURSO MAD360 estará disponible desde noviembre de 2024 (algunos recursos podrían estar disponibles en fecha posterior). Tendrá una duración de 365 días, desde la validación de códigos, o hasta el 31 de mayo de 2026, lo que se cumpla antes.

MAD se reserva el derecho a ampliar dichas fechas.

Cuerpo General Auxiliar de la Comunidad Autónoma de Cantabria

Test

Autores

JOSÉ LUIS GARRIDO VELA
Licenciado en Derecho

JOSÉ ANTONIO GUERRERO ARROYO
Cuerpo Superior de Letrados
Cuerpo Superior Jurídico

FRANCISCO JESÚS TORRES FONSECA
Licenciado en Derecho

LIDIA PONCE MARTÍNEZ
Licenciada en Psicología

MARÍA JOSÉ ASQUERINO LAMPARERO
Profesora ayudante doctora Universidad de Sevilla

CARLOS TOJEIRO ALCALÁ
Ingeniero Informático
Titulado MCP de Microsoft

SERGIO JIMENO MOLINS
Ingeniero Superior en Telecomunicaciones
Profesor de Educación Secundaria Obligatoria y
Bachillerato

© 7 Editores Recursos para la Cualificación Profesional y el Empleo, S.L. (7 Editores)
© Los autores
Primera edición, octubre 2024 (298 páginas)
Derechos de edición reservados a favor de 7 Editores
IMPRESO EN ESPAÑA
Diseño Portada: 7 Editores
Edita: 7 Editores
Avda. San Francisco Javier, 9 · Edificio Sevilla 2 · Planta 11 · Módulos 25-27 · 41018 Sevilla
Teléfono: 954 784 411 · WEB: www.mad.es · e-mail: administracion@7editores.com
ISBN: 978-84-142-8860-3
© "Editorial Mad" y "Eduforma" son nombres comerciales registrados de
7 Editores Recursos para la Cualificación Profesional y el Empleo, S.L.

Índice

PARTE GENERAL

PARTE ESPECÍFICA

PARTE GENERAL

TEST N.º 1

La Unión Europea. El Tratado de la Unión Europea (Título III, Disposiciones sobre las instituciones). El Derecho derivado: reglamentos, directivas, decisiones, dictámenes y recomendaciones

1. En la Unión Europea, la función legislativa y la función presupuestaria la ejercerá:

a) Exclusivamente el Parlamento.
b) El Parlamento Europeo conjuntamente con el Consejo.
c) El Parlamento Europeo conjuntamente con el Consejo Europeo.
d) El Parlamento Europeo conjuntamente con la Comisión.

2. El Parlamento Europeo estará compuesto por representantes de los ciudadanos de la Unión. Su número no excederá de:

a) Setecientos cincuenta, incluido el presidente.
b) Setecientos cinco, excluidos el presidente.
c) Setecientos cincuenta, más el presidente.
d) Setecientos cinco, incluido el presidente.

3. ¿Qué Institución adoptará una decisión por la que se fije la composición del Parlamento Europeo?a) El Consejo Europeo por unanimidad, a iniciativa del Parlamento Europeo y con su aprobación.

b) El Consejo de la Unión Europea por unanimidad, a iniciativa del Parlamento Europeo y con su aprobación.
c) El Consejo por mayoría cualificada, a iniciativa del Parlamento Europeo y con su aprobación.
d) El Consejo Europeo por unanimidad, a iniciativa de la Comisión y con su aprobación.

4. Los diputados al Parlamento Europeo serán elegidos por:

a) Sufragio universal, directo, libre y secreto, para un mandato de cuatro años.
b) Sufragio universal, igual, directo, libre y secreto, para un mandato de cinco años.
c) Sufragio universal, directo, libre y secreto, para un mandato de cinco años.
d) Sufragio universal, directo, libre y secreto, para un mandato de seis años.

5. ¿Qué Institución dará a la Unión los impulsos necesarios para su desarrollo y definirá sus orientaciones y prioridades políticas generales?

a) El Consejo Europeo.
b) El Consejo de la Unión Europea.
c) La Comisión.
d) El Parlamento Europeo.

6. El Consejo Europeo estará compuesto por:

a) Los Jefes de Estado y de Gobierno de los Estados miembros, así como por su presidente y por el presidente de la Comisión y del Consejo.
b) Los Jefes de Estado o de Gobierno de los Estados miembros, así como por su presidente y por la Mesa del Parlamento.
c) Los Jefes de Estado o de Gobierno de los Estados miembros, así como por su presidente y por el presidente de la Comisión.
d) Los Jefes de Estado o de Gobierno de los Estados miembros, así como por su presidente, por el presidente del Consejo, por el presidente de la Comisión y por el presidente del Banco Central Europeo.

7. El Consejo Europeo se pronunciará, excepto cuando los Tratados dispongan otra cosa por:

a) Consenso.
b) Unanimidad.
c) Mayoría cualificada.
d) Mayoría simple.

8. El Presidente del Consejo Europeo tendrá un mandato de:

a) Dos años y medio máximo.
b) Dos años y medio, renovables por dos años y medio más.
c) Seis años.
d) Cuatro años, renovables por otros cuatro años.

9. Estará compuesto por un representante de cada Estado miembro, de rango ministerial el/la/las:

a) Consejo.
b) Consejo Europeo.
c) Comisión.
d) Comisiones del Parlamento.

10. El Consejo se pronunciará por mayoría, excepto cuando los Tratados dispongan otra cosa, por:

a) Mayoría cualificada.
b) Mayoría simple.

c) Consenso.
d) Unanimidad.

11. El Consejo se reunirá en:

a) Direcciones Generales.
b) Formaciones.
c) Comisiones.
d) Comisarías.

12. Promoverá el interés general de la Unión el/la:

a) Consejo.
b) Comisión.
c) Consejo Europeo.
d) Parlamento Europeo.

13. El mandato de la Comisión será de:

a) Tres años.
b) Cinco años.
c) Seis años.
c) Cuatro años.

14. La Comisión será nombrada por el/los:

a) Parlamento Europeo por unanimidad.
b) Consejo Europeo por consenso.
c) Países miembros.
d) Consejo Europeo, por mayoría cualificada.

15. El Tribunal de Justicia de la Unión Europea comprenderá:

a) El Tribunal de Justicia, el Tribunal General y el Tribunal de la Función Pública.
b) El Tribunal General y los Tribunales especializados.
c) El Tribunal de Justicia, el Tribunal General y los tribunales especializados.
d) El Tribunal de Justicia y el Tribunal General, sin que quepa ningún otro órgano.

16. El Tribunal de Justicia estará compuesto por:

a) Un juez por cada Estado miembro y estará asistido por abogados judiciales.
b) Un juez por cada Estado miembro y estará asistido por abogados generales.
c) Dos jueces por cada Estado miembro.
d) Un juez por cada Estado miembro, más su presidente.

17. La Comisión tendrá una responsabilidad colegiada ante:

a) Los Estados miembros.
b) El Parlamento Europeo.
c) El Consejo Europeo.
d) El Tribunal de Justicia.

18. Los actos legislativos de la Unión solo podrán adoptarse a propuesta, excepto cuando los Tratados dispongan otra cosa, de:

a) La Comisión.
b) El Consejo.
c) El Consejo Europeo.
d) El Parlamento.

19. ¿Qué presidencia tiene carácter rotatorio?

a) La Comisión.
b) El Consejo.
c) El Consejo Europeo.
d) El Parlamento.

20. Respecto de las Directivas:

a) En principio no tienen efecto directo, y para que lo tengan tiene que existir un pronunciamiento del Tribunal de Justicia.
b) Una Directiva puede tener efecto directo, si ha pasado el plazo para trasponerla o se ha hecho incorrectamente, cumpliendo otra serie de requisitos.
c) El efecto directo vertical de las directivas puede ser invocado por los particulares y por los Estados.
d) En el efecto directo horizontal de las directivas el TJUE ha establecido que la Directiva no transpuesta puede, por sí misma, crear obligaciones en los particulares.

21. Tendrá un alcance general, será obligatorio en todos sus elementos y directamente aplicable en cada Estado miembro:

a) El Reglamento.
b) La Directiva.
c) Las Decisiones.
d) Todas son verdaderas.

22. Son normas de resultado y un instrumento para armonizar las legislaciones de los Estados miembros:

a) Reglamento.
b) Directiva.

c) Decisiones.
d) Todas son verdaderas.

23. En España corresponderá transponer la Directiva:

a) Al Estado o a las Comunidades Autónomas de acuerdo con sus competencias, aunque el responsable del cumplimiento ante la CE será el Estado Español.
b) Al Estado.
c) A las Comunidades Autónomas.
d) Al Estado, Comunidades Autónomas y Entidades Locales.

24. Señala la afirmación correcta:

a) La Decisión será obligatoria en todos sus elementos para todos sus destinatarios.
b) La Decisión tiene carácter limitado, puesto que aunque es obligatoria, no suele tener carácter general sino que va dirigida a destinatarios concretos.
c) La Decisión tiene destinatarios determinados, con la particularidad de que estos no son necesariamente Estados, sino que también pueden serlo los particulares.
d) Todas son verdaderas.

25. Las Recomendaciones y los Dictámenes:

a) Serán vinculantes.
b) No serán vinculantes.
c) Las Recomendaciones serán vinculantes y los Dictámenes nunca.
d) Las Recomendaciones nunca serán vinculantes y los Dictámenes serán vinculantes.

26. Desde un punto de vista material, un Reglamento equivaldría en la legislación nacional española a:

a) Una Ley.
b) Un Real Decreto.
c) Una Orden.
d) Cualquiera de ellos.

27. Que el Reglamento tiene alcance general significa que su ámbito de aplicación se extiende a:

a) Las Instituciones.
b) Estados miembros.
c) Personas físicas y jurídicas, cualquiera que sea su naturaleza y el ámbito de funciones.
d) Todas son verdaderas.

28. El Reglamento:

a) Prevalece sobre cualquier norma estatal, excepto la Constitución.
b) Prevalece sobre cualquier norma estatal.

c) Como norma, no cabe alegarlo ante los Tribunales.

d) Todas son falsas.

29. La Directiva:

a) En principio no tiene efecto directo.

b) Tiene efecto directo.

c) No tiene carácter obligatorio.

d) Como norma no precisa de su transposición al derecho interno de cada Estado.

30. La Directiva:

a) Tiene alcance general.

b) Sus destinatarios son concretos.

c) Los destinatarios son todos los Estados miembros.

d) Son de aplicación como norma a todos los particulares.

31. La Decisión:

a) En todo caso tiene destinarios generales.

b) Tiene destinatarios determinados, que son solo los Estados.

c) Tiene destinatarios determinados, que pueden ser los Estados, pero también pueden serlo los particulares.

d) Ninguna afirmación es correcta.

32. Las Decisiones:

a) Nunca tienen alcance normativo, porque son normas de resultado.

b) Las dirigidas a los Estados miembros pueden tener un alcance normativo en la medida en que se les impongan obligaciones que aquellos tengan que hacer efectivas necesariamente.

c) Tendrán alcance normativo, solo si van dirigidas a los particulares.

d) Nunca tendrán alcance normativo.

33. Las Decisiones:

a) Algunas de ellas se tienen que notificar a sus destinatarios y surtirán efecto a partir de tal notificación.

b) Surtirán efecto a partir de la publicación en todo caso, puesto que es necesario publicar todas ellas.

c) Se deben publicar obligatoriamente en el Diario Oficial de la Unión Europea, aunque sean no legislativas.

d) Se deben publicar en el Diario Oficial de la Unión Europea y en el BOE.

34. Las Recomendaciones:

a) Tienen alcance normativo.
b) Crean obligaciones y derechos para los sujetos del ordenamiento comunitario.
c) Crean obligaciones y derechos exclusivamente para los Estados.
d) No tienen alcance normativo ni crean obligaciones ni derechos para los sujetos del ordenamiento comunitario.

35. Los Dictámenes:

a) Tienen alcance normativo.
b) Crean obligaciones y derechos para los sujetos del ordenamiento comunitario que no sean los Estados.
c) Crean obligaciones y derechos exclusivamente para los Estados.
d) No tienen alcance normativo.

36. Las decisiones:

a) Solo pueden ser actos legislativos.
b) Solo pueden ser actos no legislativos.
c) Pueden ser actos legislativos y a veces también pueden ser no legislativos.
d) Pueden ser actos legislativos, a veces también pueden ser no legislativos, en caso cuando tengan el carácter de no vinculantes.

Solución al test n.º 1

1. b) El Parlamento Europeo conjuntamente con el Consejo.

2. c) Setecientos cincuenta, más el presidente.

3. a) El Consejo Europeo por unanimidad, a iniciativa del Parlamento Europeo y con su aprobación.

4. c) Sufragio universal directo, libre y secreto, para un mandato de cinco años.

5. a) El Consejo Europeo.

6. c) Los Jefes de Estado o de Gobierno de los Estados miembros, así como por su presidente y por el presidente de la Comisión.

7. a) Consenso.

8. b) Dos años y medio, renovables por dos años y medio más.

9. a) Consejo.

10. a) Mayoría cualificada.

11. b) Formaciones.

12. b) Comisión.

13. b) Cinco años.

14. d) Consejo Europeo, por mayoría cualificada.

15. c) El Tribunal de Justicia, el Tribunal General y los tribunales especializados.

16. b) Un juez por cada Estado miembro y estará asistido por abogados generales.

17. b) El Parlamento Europeo.

18. a) La Comisión.

19. b) El Consejo.

20. b) Una Directiva puede tener efecto directo, si ha pasado el plazo para transponerla o se ha hecho incorrectamente, cumpliendo otra serie de requisitos.

21. a) El Reglamento.

22. b) Directiva.

23. a) Al Estado o a las Comunidades Autónomas de acuerdo con sus competencias, aunque el responsable del cumplimiento ante la CE será el Estado Español.

24. d) Todas son verdaderas.

25. b) No serán vinculantes.

26. a) Una Ley.

27. d) Todas son verdaderas.

28. b) Prevalece sobre cualquier norma estatal.

29. a) En principio no tiene efecto directo.

30. b) Sus destinatarios son concretos.

31. c) Tiene destinatarios determinados, que pueden ser los Estados, pero también pueden serlo los particulares.

32. b) Las dirigidas a los Estados miembros pueden tener un alcance normativo en la medida en que se les impongan obligaciones que aquellos tengan que hacer efectivas necesariamente.

33. a) Algunas de ellas se tienen que notificar a sus destinatarios y surtirán efecto a partir de tal notificación.

34. d) No tienen alcance normativo ni crean obligaciones ni derechos para los sujetos del ordenamiento comunitario.

35. d) No tienen alcance normativo.

36. c) Pueden ser actos legislativos y a veces también pueden ser no legislativos.

TEST N.º 2

La Constitución Española de 1978: Título Preliminar. De los Derechos y Deberes fundamentales (Título I). De la Corona (Título II). De las Cortes Generales (Título III). Del Gobierno y de la Administración (Título IV). De las relaciones entre el Gobierno y las Cortes Generales (Título V). Del Poder Judicial (Título VI). De la Organización Territorial del Estado (Título VIII). Del Tribunal Constitucional (Título IX). De la reforma constitucional (Título X)

1. ¿En qué se fundamenta la Constitución Española?

a) En un Estado social y democrático de Derecho.
b) En la indisoluble unidad de la Nación española.
c) En la independencia de los poderes del Estado.
d) En la organización territorial del Estado.

2. Según el artículo 3 de la CE, el castellano es la lengua oficial del Estado y todos los Españoles:

a) Tienen el deber de usar y el derecho de conocer el castellano.
b) Tienen el derecho y el deber de conocer el castellano.
c) Tienen el deber de conocer y el derecho de usar el castellano.
d) Tienen el derecho de conocer y usar el castellano.

3. La Constitución Española reconoce y garantiza el derecho a la autonomía:

a) De las nacionalidades que la integran.
b) De las regiones que la integran.
c) De las Comunidades Autónomas que la integran.
d) De las nacionalidades y regiones que la integran.

4. El Preámbulo de la Constitución:

a) Tiene en sí carácter de norma jurídica.
b) Es una declaración de intenciones, destinada a interpretar lo que se quiere alcanzar con el contenido normativo de la Constitución.

c) Se trata de un texto sin fuerza jurídica de obligar.
d) Las respuestas b) y c) son correctas.

5. Señala la afirmación correcta, respecto de la aprobación, ratificación y publicación de la Constitución Española:

a) Aprobada por las Cortes el 31 de octubre de 1978, ratificada por el pueblo en referéndum el 6 de diciembre de 1978 y publicada el 29 de diciembre de 1978.
b) Aprobada por las Cortes el 30 de octubre de 1978, ratificada por el pueblo en referéndum el 16 de diciembre de 1978 y publicada el 27 de diciembre de 1978.
c) Aprobada por las Cortes el 31 de octubre de 1978, ratificada por el pueblo en referéndum el 16 de diciembre de 1978 y publicada el 29 de diciembre de 1978.
d) Aprobada por las Cortes el 10 de octubre de 1978, ratificada por el pueblo en referéndum el 26 de diciembre de 1978 y publicada el 30 de diciembre de 1978.

6. ¿En qué parte de la Carta Magna se establece la exposición de motivos que impulsan la norma constitucional y los objetivos que con ella se pretenden alcanzar?

a) En el Título Preliminar.
b) En el Preámbulo.
c) En el Título I.
d) En el Título II.

7. La Constitución Española fue sancionada por:

a) El Rey.
b) El Presidente del Congreso.
c) Las Cortes Generales.
d) El Presidente del Gobierno.

8. ¿Cuáles de los siguientes españoles de origen pueden ser privados de su nacionalidad?

a) Exclusivamente los miembros de grupos terroristas.
b) Los miembros de grupos terroristas y los que atenten contra el Rey u otro miembro de la Casa Real.
c) Los que atenten contra un miembro de la Familia Real o del Gobierno de la Nación.
d) Ningún español de origen podrá ser privado de su nacionalidad.

9. Según la CE son fundamentos del orden político y la paz social:

a) La dignidad de la persona, los derechos violables que les son inherentes y el respeto a la ley.
b) La dignidad de la persona, el desarrollo limitado de la personalidad y el respeto a la ley.

c) El respeto a la ley, a los reglamentos administrativos y demás disposiciones legales.

d) La dignidad de la persona, los derechos inviolables que le son inherentes, el libre desarrollo de su personalidad, el respeto a la ley y a los derechos de los demás.

10. ¿Cuál de los siguientes es considerado por la CE como uno de los valores superiores del ordenamiento jurídico?

a) La jerarquía normativa.

b) El pluralismo político.

c) La publicidad normativa.

d) La equidad.

11. La forma política del Estado español es:

a) Democracia parlamentaria.

b) Gobierno parlamentario.

c) Monarquía parlamentaria.

d) República democrática.

12. La parte de la CE que regula la estructura de los principales órganos del Estado recibe el nombre de:

a) Parte dogmática.

b) Parte orgánica.

c) Parte estatal.

d) Parte estructural.

13. Según la CE, la soberanía nacional:

a) Corresponde a las Cortes Generales, al estar compuestas por los representantes del pueblo.

b) Corresponde al Rey.

c) Reside en el pueblo español.

d) Corresponde al Gobierno de la Nación elegido directamente por el pueblo.

14. El derecho a la propiedad en nuestra Constitución es un Derecho:

a) Inherente a la condición humana.

b) Absoluto.

c) Limitado por la función social de la misma.

d) Ninguna de las respuestas anteriores es correcta.

15. ¿En qué parte de la Carta Magna se señalan los valores superiores del ordenamiento jurídico?

a) En el Preámbulo.

b) En el Título Preliminar.

c) En el Título I.
d) Ninguna respuesta es correcta.

16. ¿Cuál de las siguientes es una de las características de nuestra Constitución de 1978?

a) Consensuada.
b) Corta.
c) Conservadora.
d) Originalidad.

17. Son el fundamento del orden político y de la paz social:

a) El libre desarrollo de la personalidad.
b) Los derechos inviolables que les son inherentes.
c) El respeto a la ley y a los derechos de los demás.
d) Todas las respuestas son correctas.

18. ¿Qué quedará excluido de extradición?

a) Los delitos criminales.
b) Los delitos políticos.
c) Los actos de terrorismo.
d) Ninguno.

19. ¿Qué debe ser democrático, a tenor de lo dispuesto en la Constitución Española, en los sindicatos de trabajadores y las asociaciones empresariales?

a) Su funcionamiento.
b) Su estructura interna.
c) Su funcionamiento y estructura interna.
d) Sus órganos asamblearios.

20. ¿De cuántos Capítulos consta el Título I de la CE de 1978?

a) De tres.
b) De cinco.
c) De dos.
d) De cuatro.

21. Dispone la Carta Magna que todos contribuirán al sostenimiento de los gastos públicos de acuerdo con su capacidad económica mediante un sistema tributario justo inspirado en los principios de:

a) Legalidad y equidad.
b) Igualdad y progresividad.

c) Publicidad y legalidad.
d) Eficacia y sostenibilidad.

22. Las primeras elecciones democráticas celebradas en España tras la muerte de Franco tuvieron lugar en:

a) 1975.
b) 1976.
c) 1977.
d) 1978.

23. El referéndum en el que se aprobó popularmente la Constitución se llevó a efecto el:

a) 27 de diciembre de 1978.
b) 6 de diciembre de 1978.
c) 31 de octubre de 1978.
d) 29 de diciembre de 1979.

24. La ponencia encargada de redactar el borrador de la Constitución se constituyó en el:

a) Senado.
b) Senado y Congreso de los Diputados.
c) Congreso de los Diputados.
d) Gobierno de la Nación.

25. Si un poder público, en su actuación, infringe lo dispuesto en el Preámbulo de la Constitución:

a) Incurre en nulidad.
b) Incurre en inconstitucionalidad.
c) No pasa nada salvo que, como consecuencia de esa actuación, se infrinja un artículo de la propia Constitución.
d) Nada de lo anterior es cierto.

26. El principio en virtud del cual el ciudadano está amparado por una legislación no sujeta a continuos vaivenes es el de:

a) Legalidad.
b) Publicidad normativa.
c) Seguridad jurídica.
d) Jerarquía normativa.

27. El principio en virtud del cual un Reglamento no puede contradecir una ley es el de:

a) Legalidad.
b) Jerarquía normativa.
c) Las respuestas a) y b) son correctas.
d) Seguridad jurídica.

28. Según la Constitución, una norma que imponga una nueva pena más leve para un delito:

a) No se aplica retroactivamente.
b) Puede aplicarse retroactivamente.
c) Ha de ser reglamentaria.
d) Atenta contra el principio de legalidad penal si se aplica retroactivamente.

29. Todos los españoles, respecto al castellano, tienen el:

a) Derecho-deber de conocerlo.
b) Derecho de usar y deber de conocerlo.
c) Derecho-deber de usarlo.
d) Nada de lo anterior.

30. La capital del Estado en España es:

a) La propia de cada Comunidad Autónoma.
b) La villa de Madrid.
c) Aquella donde se establezca en cada momento el Gobierno de la Nación.
d) Aquella en la que resida generalmente el Rey.

31. Las Comunidades Autónomas deben usar o instalar la bandera española:

a) En sus edificios.
b) En los actos oficiales.
c) Cuando lo solicite el Delegado del Gobierno de la Nación en las mismas.
d) Cuando lo estimen oportuno.

32. Deben tener una estructura interna y un funcionamiento democrático los/las:

a) Partidos Políticos.
b) Colegios Profesionales.
c) Organizaciones Profesionales.
d) Todos ellos.

33. La defensa de la integridad territorial de España se atribuye por la Constitución a/al/a las:

a) Fuerzas y Cuerpos de Seguridad.
b) Fuerzas Armadas.
c) Gobierno de la Nación.
d) Todas las anteriores.

34. El derecho a la vida se consagra en el siguiente artículo de la Constitución:

a) 10.
b) 16.
c) 15.
d) 24.

35. La pena de muerte en España:

a) Ha quedado abolida.
b) Puede aplicarse en cualquier momento.
c) Solo se aplicará, en tiempo de guerra, a los militares.
d) Rige solo en el ámbito civil.

36. La inmediata puesta a disposición judicial derivada del *habeas corpus*, se produce por:

a) Detención ilegal.
b) Prisión ilegal.
c) Prisión preventiva.
d) Detención preventiva.

37. El proceso en el que se enjuicie a un presunto delincuente debe:

a) Ser sumario.
b) No dilatarse.
c) Entorpecer los instrumentos probatorios.
d) Nada de lo anterior es cierto.

38. La entrada en un domicilio en caso de flagrante delito, sin autorización de su titular:

a) Puede dar lugar a la aplicación del habeas corpus.
b) Requiere autorización previa de la autoridad judicial.
c) Puede efectuarse en todo momento.
d) No puede realizarse en momento alguno.

39. Cuando, al conocerse la comisión de un delito por una persona, se acude a su domicilio para detenerla:

a) Está obligada a franquear la entrada.
b) Se necesitará autorización judicial para entrar, si no da su consentimiento para ello.
c) Pese a que no dé su consentimiento, se puede entrar.
d) Nada de lo anterior es correcto.

40. La autorización previa para celebrar una manifestación pública:

a) La da el Subdelegado del Gobierno en la Provincia.
b) Es ineludible.
c) Sería inconstitucional.
d) Se da cuando no se prevean alteraciones al orden público, con peligro para personas o bienes.

41. El tipo de sufragio que consagra la Constitución es el:

a) Proporcional.
b) Universal.
c) Censitario.
d) Las respuestas a) y b) son correctas.

42. Además de la no autoinculpación, la Constitución prevé que no se está obligado a declarar sobre un hecho presuntamente delictivo en caso de:

a) Parentesco y afinidad.
b) Cláusula de conciencia.
c) Secreto profesional.
d) Las respuestas a) y b) son correctas.

43. Una vez declarado el estado de excepción no se puede suspender el derecho/ libertad de:

a) Huelga.
b) Enseñanza.
c) Adopción de medidas de conflicto colectivo.
d) Libertad de circulación.

44. Durante el estado de excepción, un detenido conserva el derecho de/a:

a) Setenta y dos horas para ser puesto a disposición judicial.
b) Secreto de comunicaciones.
c) Asistencia de Letrado.
d) Ninguno de ellos.

45. Se puede suspender, con motivo de investigaciones relativas a bandas armadas, el derecho de:

a) Huelga.
b) Inviolabilidad del domicilio.
c) Libertad de circulación.
d) Las respuestas b) y c) son correctas.

46. Según la Constitución Española, arbitra y modera el funcionamiento regular de las instituciones:

a) El Presidente del Gobierno.
b) El Rey.
c) El Estado.
d) Los tribunales de Justicia.

47. Las abdicaciones y renuncias se resolverán:

a) Por ley.
b) Por decreto ley.
c) Por decisión de las Cortes Generales.
d) Por ley orgánica.

48. Si no hubiese a quien corresponda la Regencia, esta será nombrada por:

a) Las Cortes Generales.
b) El Congreso de los Diputados.
c) El Senado.
d) El Gobierno.

49. No necesita de refrendo:

a) Declarar la guerra y hacer la paz.
b) Expedir los decretos acordados en Consejo de Ministros.
c) Nombrar y relevar a los miembros civiles y militares de la Casa Real.
d) Todos los actos del Rey necesitan refrendo.

50. ¿A quién corresponde manifestar el consentimiento del Estado para obligarse por medio de tratados?

a) Al Rey.
b) Al Gobierno.
c) Al Estado.
d) Al Presidente del Gobierno.

51. Según el art. 59.5 de la Carta Magna, la Regencia se ejercerá:

a) Por mandato constitucional y en nombre del pueblo español.
b) Por mandato constitucional y en nombre de las Cortes Generales.
c) Por mandato constitucional y en nombre de la soberanía popular.
d) Por mandato constitucional y en nombre del Rey.

52. La asunción de funciones constitucionales por la Reina consorte:

a) Está prevista como regla general.
b) Depende de la voluntad del Rey.
c) Está prohibida.
d) Está limitada.

53. La tutoría del Rey puede recaer en:

a) Cualquier persona nombrada por las Cortes Generales, en su caso.
b) Sus hijos.
c) Una, tres o cinco personas.
d) Nada de lo anterior es cierto.

54. Una hija del Príncipe de Asturias ostentará este tratamiento:

a) Cuando su padre acceda a la condición de Rey, si es la primogénita, aunque tenga hermanos varones.
b) Al morir su padre.
c) Al acceder a Rey su padre, si no tiene hermano varón.
d) Cuando delegue en ella el propio Príncipe.

55. La Regencia se ejerce:

a) Por mandato del Rey.
b) En nombre de este.
c) Por mandato constitucional.
d) Las respuestas b) y c) son correctas.

56. La dirección de la defensa del Estado es competencia genuina del/de las:

a) Rey.
b) Fuerzas Armadas.
c) Gobierno de la Nación.
d) Todos ellos.

57. El refrendo de los actos del Rey está íntimamente relacionado con:

a) Su irresponsabilidad política.
b) Su inhabilitación.

c) La Regencia.

d) Sus poderes discrecionales.

58. En caso de que el Rey sea menor de edad:

a) No tomará posesión de su cargo hasta su mayoría de edad.

b) Ejercerá la Regencia el Príncipe heredero.

c) Ejercerá la Regencia su cónyuge.

d) Nada de lo anterior es cierto.

59. Si el Príncipe heredero tuviera descendientes y renunciara a sus derechos al trono:

a) Su cónyuge ejercería la Regencia hasta que su primogénito varón fuere mayor de edad.

b) Su cónyuge ejercería la Regencia hasta que dicho primogénito fuera proclamado Rey.

c) Se nombraría Princesa heredera a su hermana mayor, si la hubiere.

d) Nada de lo anterior es cierto.

60. La presidencia por el Rey de las reuniones del Consejo de Ministros:

a) Se permite solo respecto de las decisorias.

b) Ha de efectuarse a petición del Presidente del Gobierno de la Nación.

c) Está prevista constitucionalmente para dirigir la Administración Civil y Militar.

d) Las respuestas a) y b) son ciertas.

61. El juramento lo prestará el Rey ante el/las:

a) Cortes Generales.

b) Gobierno de la Nación.

c) Miembros de la Familia Real.

d) Pueblo español.

62. Si se agotan todas las líneas llamadas a la sucesión en la Corona de España, se:

a) Nombran Regentes.

b) Proveerá a la sucesión en la Corona por las Cortes Generales.

c) Proclama la República.

d) Establece una Dictadura.

63. La inhabilitación del Rey se reconoce por el/los/las:

a) Gobierno de la Nación.

b) Congreso de los Diputados.

c) Cortes Generales.

d) Tres Poderes constitucionales.

64. El Regente nombrado en defecto de padre, madre, pariente mayor de edad o Príncipe heredero mayor de edad se designa por el/las:

a) Propio Rey.
b) Cortes Generales.
c) Congreso de los Diputados.
d) Consejo de Regencia.

65. ¿Quién proveerá a la sucesión en la Corona en la forma que más convenga a los intereses de España cuando estén extinguidas todas las líneas llamadas en Derecho?

a) El Presidente del Gobierno.
b) El Senado.
c) El Congreso de los Diputados.
d) Las Cortes Generales.

66. Si no hubiere ninguna persona a quien corresponda la Regencia, esta será nombrada por las Cortes Generales, y se compondrá de:

a) Una única persona.
b) Una o dos personas.
c) Una, tres o cinco personas.
d) De tres a seis personas.

67. ¿De qué plazo dispone el Rey para sancionar las leyes aprobadas por las Cortes Generales?

a) Lo más rápido posible, con un máximo de 48 horas.
b) Un semana.
c) Quince días.
d) Un mes.

68. ¿Qué Título de nuestra CE se dedica a la Corona?

a) El Título III.
b) El Título IV.
c) El Título I.
d) El Título II.

69. Las Cámaras se reúnen en sesiones:

a) Ordinarias y extraordinarias.
b) Simples o conjuntas.
c) Ordinarias, extraordinarias y conjuntas.
d) Ordinarias, extraordinarias y de urgencia.

70. Para adoptar acuerdos, las Cámaras deben estar reunidas reglamentariamente y con asistencia de la mayoría de sus miembros. Dichos acuerdos, para ser válidos, deberán ser aprobados:

a) Por la mayoría de los miembros presentes.
b) Por mayoría absoluta de sus miembros.
c) Por los 3/5 de cada una de las Cámaras.
d) Por los 2/3 del conjunto de las Cámaras.

71. ¿En qué plazo deberá ser convocado el Congreso electo tras la celebración de elecciones?

a) Entre los 30 y 60 días siguientes.
b) Dentro de los 25 días siguientes.
c) Entre los 10 y 30 días siguientes.
d) Dentro de los 30 días siguientes.

72. En las causas contra Diputados y Senadores será competente:

a) La Sala de lo Civil del Tribunal Supremo.
b) La Sala de lo Social del Tribunal Supremo.
c) La Sala de lo Contencioso-Administrativo del Tribunal Supremo.
d) La Sala de lo Penal del Tribunal Supremo.

73. Las Diputaciones Permanentes estarán presididas por:

a) El diputado de mayor edad.
b) El diputado del grupo parlamentario más numeroso.
c) El Presidente del Gobierno.
d) El Presidente de la Cámara respectiva.

74. ¿Cuántos Senadores corresponderán a Menorca?

a) 1.
b) 2.
c) 3.
d) 4.

75. Las sesiones conjuntas del Senado y del Congreso serán presididas:

a) Por el Rey.
b) Por el Presidente del Gobierno.
c) Por el Presidente del Congreso.
d) Por el Presidente del Senado.

76. Los Senadores por provincias se elegirán por:

a) Sufragio universal, libre, igual, directo y secreto.
b) Sufragio directo, libre, igual, directo y secreto.
c) Sufragio internacional, directo, igual y secreto.
d) Sufragio universal, libre, secreto, igual y secreto.

77. Para que un Diputado o Senador pueda ser inculpado o procesado será requisito indispensable:

a) Que así lo determine el Tribunal Supremo.
b) Que así lo determine el Tribunal Constitucional.
c) Que así lo determine la Audiencia Nacional.
d) Que así lo autorice su respectiva Cámara.

78. Señala la respuesta correcta:

a) El Congreso de los Diputados es la Cámara de representación territorial.
b) Las poblaciones de Ceuta y Melilla elegirán cada una de ellas un Senador.
c) Son electores y elegibles todos los españoles que estén en pleno uso de sus derechos políticos.
d) El art. 68 de la Carta Magna dispone que el Congreso se compone de un mínimo de 350 y un máximo de 400 Diputados.

79. El número mínimo de Diputados previstos para el Congreso de los Diputados es de:

a) 250.
b) 300.
c) 400.
d) 350.

80. No es incompatible para ser elegido Diputado del Congreso de los Diputados un:

a) Militar en activo.
b) Miembro de una Junta Electoral.
c) Juez.
d) Ministro.

81. La Palma elige los siguientes Senadores:

a) Ninguno.
b) Dos.
c) Uno.
d) Cuatro.

82. La declaración del estado de sitio debe hacerla el/las:

a) Gobierno de la Nación.
b) Rey.
c) Congreso de los Diputados.
d) Presidente del Gobierno de la Nación.

83. El Presidente de la Diputación Permanente del Congreso de los Diputados es el:

a) Del partido mayoritario.
b) Portavoz del partido con mayor número de escaños.
c) Presidente de la Cámara.
d) Elegido por los Portavoces de los Grupos Parlamentarios.

84. El mínimo de miembros integrantes de una Comisión de Investigación según el artículo 76 de la Constitución es de:

a) Veintiuno.
b) Mayoría simple.
c) Mayoría absoluta.
d) No se establece.

85. No puede solicitar la celebración de una sesión extraordinaria de las Cortes Generales el/la:

a) Mayoría absoluta de sus miembros.
b) Diputación Permanente de ellas.
c) Mesa de cada Cámara.
d) Gobierno de la Nación.

86. El primer período de sesiones de las Cámaras concluye, según la Constitución:

a) Al finalizar su mandato.
b) En enero.
c) En diciembre.
d) En junio.

87. No puede delegarse en una Comisión Legislativa Permanente la posibilidad de aprobar una Ley:

a) Tributaria.
b) De funcionarios públicos.
c) Orgánica.
d) Las respuestas a) y c) son correctas.

88. ¿Por cuántos Diputados estarán representadas las poblaciones de Ceuta y Melilla?

a) Cada una de ellas por un Diputado.
b) Cada una de ellas por dos Diputados.
c) Ceuta por dos y Melilla por uno.
d) Melilla por dos Diputados y Ceuta por uno solo.

89. Señala la respuesta incorrecta respecto al Senado:

a) Las poblaciones de Ceuta y Melilla elegirán cada una de ellas dos Senadores.
b) En cada Provincia se elegirán cuatro Senadores por sufragio universal, libre, igual, directo y secreto por los votantes de cada una de ellas.
c) El Senado es la Cámara de representación territorial.
d) Las Comunidades Autónomas designarán, además, un Senador y otro más por cada medio millón de habitantes de su respectivo territorio.

90. ¿Con qué norma se restauró el sistema bicameral en España?

a) Con la Constitución de la I República.
b) Con la Ley 1/1977, de 4 de enero, para la Reforma Política.
c) Con la Ley 5/1981, de 3 de mayo, para la Reforma Constitucional.
d) Con la Constitución de 1978.

91. ¿Qué potestad/es ejercen las Cortes Generales?

a) La potestad ejecutiva del Estado.
b) La potestad legislativa y ejecutiva del Estado.
c) La potestad reglamentaria del Estado.
d) La potestad legislativa del Estado.

92. Las Cámaras pueden recibir peticiones:

a) Individuales y colectivas, siempre por escrito.
b) Individuales y colectivas, excepcionalmente por escrito.
c) Solo individuales pero siempre por escrito.
d) Solo colectivas, pero nunca por escrito.

93. Las sesiones plenarias de las Cámaras serán:

a) Siempre públicas.
b) Siempre secretas.
c) Públicas, salvo acuerdo en contrario de cada Cámara, adoptado por mayoría absoluta.
d) Secretas, salvo acuerdo en contrario de cada Cámara, adoptado por mayoría absoluta.

94. Señala la proposición correcta:

a) Las leyes de bases delimitarán con precisión el objeto y alcance de la delegación legislativa y los principios y criterios que han de seguirse en su ejercicio.

b) La delegación legislativa habrá de otorgarse al Gobierno o a las Cortes Generales de forma expresa para materia concreta y con fijación del plazo para su ejercicio.

c) La delegación legislativa se agota por el uso que de ella haga el Gobierno o las Cortes Generales mediante la publicación de la norma correspondiente.

d) La delegación legislativa no podrá entenderse concedida de modo implícito o por tiempo indeterminado. Tampoco podrá permitir la subdelegación a autoridades distintas del Gobierno o de las Cortes Generales.

95. En relación con los proyectos de ley, señala la proposición correcta:

a) Serán aprobados por el Presidente del Gobierno, que los someterá al Congreso, acompañados de una exposición de motivos y de los antecedentes necesarios para pronunciarse sobre ellos.

b) Serán aprobados en Consejo de Ministros, que los someterá al Congreso, acompañados de una exposición de motivos y de los antecedentes necesarios para pronunciarse sobre ellos.

c) Serán aprobados por el Ministro o Ministros competentes en la materia, que los someterá al Congreso, acompañados de una exposición de motivos y de los antecedentes necesarios para pronunciarse sobre ellos.

d) Serán aprobados en Consejo de Ministros, que los someterá al Congreso, acompañados, únicamente, de los antecedentes necesarios para pronunciarse sobre ellos.

96. La tramitación de las proposiciones de ley se regulará por:

a) Los Reglamentos de las Cámaras.

b) Una ley ordinaria.

c) Una ley orgánica.

d) Un Decreto Legislativo, aprobado por ambas Cámaras.

97. Las decisiones políticas de especial trascendencia podrán ser sometidas a referéndum consultivo de todos los ciudadanos. El referéndum:

a) Será convocado por el Presidente del Gobierno, mediante propuesta del Presidente de Congreso, previamente autorizada por el Congreso de los Diputados.

b) Será convocado por el Rey, mediante propuesta del Presidente del Gobierno, previamente autorizada por el Congreso de los Diputados.

c) Será convocado por el Rey, mediante propuesta del Presidente del Congreso, previamente autorizada por el Congreso de los Diputados.

d) Será convocado por el Rey, mediante propuesta del Presidente del Gobierno, previamente autorizada por las Cortes Generales.

98. Según exige la Constitución Española, el Congreso de los Diputados otorga su confianza al candidato a la Presidencia del Gobierno:

a) Por mayoría especial de 3/5 de sus miembros.
b) Por mayoría cualificada de 2/3 de sus miembros.
c) Por mayoría absoluta de sus miembros.
d) Por mayoría simple de sus miembros.

99. El Rey propone al candidato a la Presidencia del Gobierno:

a) Mediante Real Decreto.
b) A través del Presidente del Gobierno saliente.
c) A través del Presidente del Congreso.
d) Ninguna respuesta es correcta.

100. La acusación de traición al Presidente y demás miembros del Gobierno en el ejercicio de sus funciones, puede ser planteada por:

a) Cualquier ciudadano mediante la acción popular.
b) Las Cortes Generales.
c) La cuarta parte de los miembros del Congreso de los Diputados.
d) El Rey.

101. Los miembros del Gobierno de la Nación serán nombrados por:

a) El Presidente del Gobierno.
b) El Rey, a propuesta del Presidente del Gobierno.
c) El Presidente del Congreso.
d) La mayoría simple de los Diputados.

102. El Presidente del Gobierno es elegido por:

a) Las Cortes.
b) El Congreso de los Diputados.
c) El Rey.
d) Directamente por los electores.

103. El Gobierno español es un órgano:

a) Presidencialista.
b) Colegiado.
c) Unipersonal.
d) Cameralista.

104. Según la Constitución, la Administración Pública ha de actuar de acuerdo con los principios de:

a) Descentralización y desconcentración.
b) Unidad y variedad.
c) Coordinación y tutela.
d) Jerarquía y delegación.

105. El control de la potestad reglamentaria del Gobierno corresponde:

a) Al Congreso.
b) Al Senado.
c) Al Tribunal de Cuentas.
d) A los Tribunales según la materia.

106. La prerrogativa real de gracia no será aplicable a:

a) Los Ministros.
b) Los Secretarios de Estado.
c) Los Subsecretarios.
d) Podrá aplicarse a todos los anteriores.

107. Según la Constitución, ¿cuál de los siguientes órganos dirige la defensa del Estado?

a) El Rey.
b) La Junta de Defensa Nacional.
c) El Ministerio de Defensa.
d) El Gobierno.

108. El debate para la elección de Presidente del Gobierno se denomina:

a) Moción.
b) Elección.
c) Investidura.
d) Propuesta.

109. ¿Cuál de las siguientes afirmaciones es correcta?

a) Los Ministros sin cartera tienen menos rango administrativo y político que el resto de los Ministros.
b) Todos los Ministros tienen idéntico rango político y administrativo.
c) Unos Ministros, denominados de Estado, tienen preferencia sobre los demás.
d) Los Ministros que cuentan con Secretarios de Estado tienen un nivel administrativo superior a los demás.

110. ¿Cómo se nombran los Ministros?

a) Por el Rey, a propuesta del Presidente del Gobierno, previo acuerdo del Consejo de Ministros.
b) Por el Rey, a propuesta del Presidente del Gobierno.
c) Por el Presidente del Gobierno, previo acuerdo del Consejo de Ministros.
d) Por el Rey, a propuesta del Presidente del Congreso.

111. El Presidente del Gobierno es nombrado por:

a) Las Cortes.
b) El Rey.
c) El Congreso de los Diputados.
d) El Senado.

112. Al Vicepresidente del Gobierno lo nombra:

a) El Presidente del Gobierno.
b) El Rey a propuesta del Presidente del Gobierno.
c) El Presidente del Congreso.
d) El Presidente del Tribunal Constitucional.

113. ¿El Presidente del Gobierno puede ejercer una actividad profesional?

a) No.
b) Sí.
c) Sólo en el sector público.
d) Sólo en el sector privado.

114. Mediante el voto de investidura, según nuestra Constitución:

a) Las Cortes otorgan su confianza al Rey cuando es proclamado Jefe de Estado.
b) El Gobierno presenta la cuestión de confianza a las Cortes.
c) El Congreso de los Diputados manifiesta su confianza con la persona que el Rey ha propuesto como Presidente.
d) El Congreso de los Diputados o el Senado, según los casos, presenta un voto de censura contra el Gobierno.

115. La Administración Pública actúa –entre otros– de acuerdo con el principio de jerarquía:

a) Solamente la Autonómica.
b) Sí.
c) Sólo la Administración Local.
d) Sólo la Administración Central.

116. El supremo órgano consultivo del Gobierno es:

a) El Consejo Económico y Social.
b) El Consejo General del Poder Judicial.
c) El Consejo de Estado.
d) El Tribunal Constitucional.

117. El candidato propuesto a Presidente del Gobierno deberá alcanzar en segunda votación:

a) Mayoría de 3/5.
b) Mayoría absoluta en el Congreso.
c) Mayoría simple en el Congreso.
d) Mayoría de 2/3.

118. No corresponde al Gobierno:

a) Aprobar los presupuestos Generales del Estado.
b) Dirigir la Defensa Nacional.
c) Ejercer la Potestad Reglamentaria.
d) Dirigir la Administración Militar.

119. Los Ministros son propuestos por:

a) El Rey.
b) El Presidente del Gobierno.
c) El Consejo de Ministros.
d) El Congreso de los Diputados.

120. El Gobierno se compone, según la Constitución, de:

a) El Presidente y los Ministros.
b) El Presidente, los Vicepresidentes en su caso, los Ministros y los demás miembros que establezca la Ley.
c) El Presidente, el Vicepresidente, los Ministros y los Subsecretarios.
d) Votación en el Congreso de los Diputados.

121. Indica cuál de los actos que se enumeran no forma parte del proceso de designación del Presidente del Gobierno:

a) Consultas previas del Rey con los representantes de los partidos con representación parlamentaria.
b) Exposición por el candidato de su programa al Congreso y votación de confianza por mayoría absoluta.
c) Ratificación de la confianza por el Senado.
d) Votación en el Congreso de los Diputados.

122. Según la Constitución, dirigir la Administración Militar es función del:

a) El Gobierno y las Cortes.
b) El Parlamento.
c) El Gobierno.
d) No lo determina.

123. La responsabilidad criminal de un Ministro es exigible ante:

a) Los Tribunales Superiores de Justicia.
b) Cualquier Sala del Tribunal Supremo.
c) La Sala de lo Penal del Tribunal Supremo.
d) La Audiencia Nacional, con jurisdicción en todo el territorio nacional.

124. La acusación por traición de cualquier miembro del Gobierno exige:

a) La aprobación, por mayoría simple, del Senado.
b) La aprobación del Congreso, ratificada por el Senado.
c) La aprobación, por mayoría simple, del Congreso.
d) La aprobación, por mayoría absoluta, del Congreso.

125. Según la Constitución, coordinar las funciones de todos los miembros del Gobierno, es misión de:

a) El Consejo de Ministros.
b) El Jefe de Estado.
c) El Presidente del Gobierno.
d) La Secretaría de Estado para la coordinación política.

126. ¿La Administración Pública actúa –entre otros– de acuerdo con el principio de jerarquía?

a) Sí.
b) No.
c) Sólo la Administración Local.
d) Sólo la Administración Autonómica.

127. ¿Cuál de estos principios no establece la Constitución con respecto a la actuación de la Administración?

a) Eficacia.
b) Coordinación.
c) División del trabajo.
d) Descentralización.

128. Para declarar el estado de sitio se requiere:

a) Aprobación de las Cortes Generales.
b) Mayoría absoluta del Congreso de los Diputados.
c) Autorización del Gobierno de la Nación.
d) Autorización del Rey.

129. La cuestión de confianza se considera otorgada al Gobierno cuando vote a favor de la misma la mayoría:

a) Simple del Congreso de los Diputados.
b) Absoluta del Congreso y Senado.
c) Absoluta del Senado.
d) Simple del Congreso y Senado.

130. No es función del Gobierno de la Nación:

a) Nombrar al Defensor del Pueblo.
b) Dirigir la defensa del Estado.
c) Dirigir la política interior y exterior del Estado.
d) Dictar Decretos-Leyes.

131. El artículo 113 de la Constitución Española regula:

a) Los estados de alarma, excepción y sitio.
b) La cuestión de confianza.
c) La moción de censura.
d) Todas las respuestas son falsas.

132. De conformidad con lo establecido por la Constitución, el Gobierno responde de su gestión política:

a) Ante el Tribunal Constitucional.
b) Ante el Tribunal Supremo.
c) Ante el Congreso de los Diputados.
d) Ante el Congreso y el Senado.

133. La exigencia de la responsabilidad política del Gobierno mediante la moción de censura, se lleva a cabo por:

a) Las Cortes Generales.
b) Una Comisión mixta compuesta por los portavoces de los Grupos Parlamentarios del Congreso y del Senado.
c) La Diputación Permanente del Senado.
d) El Congreso de los Diputados.

134. Para poder ser admitida una Moción de Censura, la misma deberá ser propuesta, al menos, por:

a) Dos grupos parlamentarios.
b) 35 Diputados.
c) Tres quintos de la Cámara.
d) La mayoría absoluta de los miembros de la Cámara.

135. La moción de censura ha de ser propuesta al menos por:

a) La décima parte de los Diputados.
b) Mayoría simple.
c) Mayoría absoluta.
d) Cincuenta Senadores.

136. La cuestión de confianza es planteada por:

a) Al menos la décima parte de los Diputados.
b) La mayoría de los Diputados.
c) El Gobierno.
d) El Presidente del Gobierno.

137. La confianza del Congreso se entiende otorgada al Presidente del Gobierno por:

a) Mayoría simple.
b) Mayoría absoluta.
c) Mayoría de los 3/5.
d) Mayoría de los 2/3.

138. El Gobierno responde de su gestión política:

a) Solidariamente ante las Cortes Generales.
b) Solidariamente ante el Senado.
c) Solidariamente ante el Congreso.
d) No responde en ningún caso solidariamente.

139. El Gobierno responde de su gestión política:

a) Solidariamente ante las Cortes Generales.
b) Mancomunadamente solamente ante el Congreso.
c) Mancomunadamente ante las Cortes Generales.
d) Solidariamente ante el Congreso de los Diputados.

140. La responsabilidad política del Gobierno le es exigida por el Congreso mediante:

a) La moción de censura.
b) La cuestión de confianza.
c) Interpelaciones.
d) Preguntas.

141. Entre las facultades del Presidente del Gobierno se encuentra:

a) La disolución de las Cortes Generales.
b) La propuesta de disolución de las Cortes.
c) La disolución del Consejo General del Poder Judicial.
d) La propuesta de disolución del Tribunal Constitucional.

142. La responsabilidad del Gobierno ante el Congreso es de carácter:

a) Personal.
b) Individual.
c) Solidario.
d) Subsidiado.

143. ¿Los miembros del Gobierno pueden hablar en las Cámaras?

a) Nunca.
b) Siempre que lo deseen.
c) Sólo si son parlamentarios.
d) Sólo en el caso de ser reprobados.

144. ¿Toda interpelación al Gobierno podrá dar lugar a una moción?

a) Sí.
b) No, nunca.
c) Sólo en asuntos exteriores.
d) Sólo en asuntos de defensa.

145. ¿Qué número de Diputados es necesario para interponer una moción de censura?

a) Mayoría simple de la Cámara.
b) Una décima parte de la Cámara.
c) Mayoría absoluta de la Cámara.
d) Dos tercios de la Cámara.

146. Declarado el estado de alarma:

a) Se dará cuenta al Consejo de Ministros, sin cuya autorización no podrá ser prorrogado el plazo inicial.

b) Se dará cuenta al Rey, sin cuya autorización no podrá ser prorrogado el plazo inicial de duración.

c) Se dará cuenta al Congreso de los Diputados, sin cuya autorización no podrá ser prorrogado dicho plazo.

d) Se dará cuenta al Congreso de los Diputados, siendo improrrogable el plazo inicialmente marcado para la duración del estado de alarma.

147. La moción de censura no podrá ser votada hasta que, desde su presentación, hayan transcurrido:

a) Cinco días.
b) Siete días.
c) Diez días.
d) Treinta días.

148. ¿Ante quién responde solidariamente el Gobierno de su gestión política?

a) Ante el pueblo español.
b) Ante las Cortes Generales.
c) Ante el Congreso de los Diputados.
d) Ante el Rey.

149. La disolución de las Cámaras será decretada por:

a) El Rey.
b) El Presidente del Congreso.
c) El Presidente del Gobierno.
d) El Gobierno de la Nación.

150. El ámbito territorial, duración y condiciones del estado de sitio serán determinados por:

a) Las Cortes Generales.
b) El Congreso.
c) El Rey.
d) El Gobierno.

151. El Estado de alarma:

a) Será declarado por el Gobierno mediante decreto acordado en Consejo de Ministros, previa autorización del Congreso de los Diputados.

b) Será declarado por el Gobierno mediante decreto acordado en Consejo de Ministros por un plazo máximo de quince días, dando cuenta al Congreso de los Diputados, reunido inmediatamente al efecto y sin cuya autorización no podrá ser prorrogado dicho plazo.

c) Será declarado por el Gobierno mediante decreto acordado en Consejo de Ministros por un plazo máximo de quince días, previa autorización del Congreso de los Diputados, reunido inmediatamente al efecto y sin cuya autorización no podrá ser prorrogado dicho plazo.

d) Será declarado por la mayoría absoluta del Congreso de los Diputados, a propuesta exclusiva del Gobierno.

152. ¿Qué mayoría es necesaria para que se entienda aprobada una moción de censura?

a) Mayoría simple.
b) Mayoría absoluta.
c) Mayoría de 2/3.
d) Mayoría de 1/3.

153. Los signatarios de una moción de censura no pueden presentar otra en:

a) La misma legislatura.
b) El mismo período de sesiones.
c) En ningún momento.
d) En la misma Cámara.

154. Las interpelaciones al Gobierno de la Nación pueden dar lugar, por sí mismas, a:

a) Una moción.
b) Una moción de censura.
c) Una cuestión de confianza.
d) Todo lo anterior.

155. La responsabilidad solidaria del Gobierno de la Nación ante el Congreso de los Diputados significa que:

a) Cada Ministro está sometido a las interpelaciones de las mismas.
b) El Gobierno de la Nación en sí responde ante el Congreso de los Diputados y no cada uno de sus miembros individualmente considerado.
c) El Presidente es el que responde.
d) Solo puede ser obligado a dimitir por unanimidad.

156. La responsabilidad solidaria del Gobierno de la Nación ante el Congreso de los Diputados es de carácter:

a) Judicial.
b) Administrativo.

c) Político.
d) De los tres tipos anteriores.

157. La responsabilidad del Gobierno de la Nación ante el Senado es:

a) Mancomunada.
b) Individual.
c) Solidaria.
d) Inexistente.

158. El tiempo mínimo previsto para interpelaciones en las Cortes Generales al Gobierno de la Nación es:

a) Semanal.
b) Trimestral.
c) Mensual.
d) En cada período de sesiones.

159. Las interpelaciones al Gobierno de la Nación pueden dar lugar, por sí mismas, a:

a) Una moción.
b) Una moción de censura.
c) Una cuestión de confianza.
d) Todo lo anterior.

160. El pronunciamiento sobre la cuestión de confianza es competencia del/de las:

a) Congreso de los Diputados exclusivamente.
b) Senado cuando se plantee ante él.
c) Congreso de los Diputados y Senado.
d) Propio Gobierno de la Nación.

161. La cuestión de confianza se plantea por el:

a) Presidente del Gobierno de la Nación.
b) Gobierno de la Nación en sí.
c) Congreso de los Diputados.
d) Cualquier Ministro.

162. Respecto al planteamiento de la cuestión de confianza, el Consejo de Ministros:

a) Decide.
b) Debe dictaminarlo favorablemente.
c) Delibera.
d) No tiene nada que hacer.

163. Los signatarios de una moción de censura no pueden presentar otra en el/la:

a) Misma legislatura.
b) Mismo período de sesiones.
c) Ningún momento.
d) Misma Cámara.

164. La disolución anticipada del Congreso de los Diputados o del Senado, se decreta por el:

a) Presidente del Gobierno de la Nación.
b) Presidente de la Cámara.
c) Rey.
d) Gobierno de la Nación en pleno.

165. La declaración del estado de alarma lo es por el/las:

a) Cortes Generales.
b) Gobierno de la Nación, por quince días.
c) Congreso de los Diputados, por treinta días.
d) Gobierno de la Nación, por treinta días prorrogables por el Congreso de los Diputados.

166. Para los supuestos de graves alteraciones de orden público está previsto declarar el estado de:

a) Excepción.
b) Sitio.
c) Alarma.
d) Ninguno de ellos.

167. La declaración del estado de sitio se realiza por el/las:

a) Congreso de los Diputados por mayoría absoluta.
b) Gobierno de la Nación, previa autorización del Congreso de los Diputados.
c) Cortes Generales.
d) Senado por mayoría simple, a propuesta del Gobierno de la Nación.

168. La justicia se administra en nombre del:

a) Juez o Tribunal que la imparta.
b) Pueblo español.
c) Rey.
d) Justiciable.

169. El titular de la Justicia es el/los:

a) Poder Judicial.
b) Rey.
c) Pueblo soberano.
d) Jueces y Tribunales.

170. El artículo 117 de la Constitución no incluye como característica de los Jueces y Magistrados la:

a) Independencia.
b) Responsabilidad.
c) Inamovilidad.
d) Incluye a todas ellas.

171. Según la Constitución, el procedimiento en el ámbito de la administración de justicia debe ser:

a) Gratuito siempre.
b) Predominantemente oral.
c) En audiencia pública.
d) Motivado.

172. La cúspide de la jurisdicción en España la ostenta el:

a) Consejo General del Poder Judicial.
b) Ministerio Fiscal.
c) Tribunal Constitucional.
d) Tribunal Supremo.

173. Según el 124 CE, ¿cuál de las siguientes no es una función del Ministerio Fiscal?

a) Promover la acción de la justicia en defensa de la legalidad.
b) Defensa de los derechos de los ciudadanos.
c) Defensa del interés privado tutelado por la ley.
d) Procurar ante estos la satisfacción del interés social.

174. Señala la respuesta incorrecta respecto al Tribunal Constitucional:

a) Se organiza a través de las figuras del Presidente, el Pleno, las Salas y las Secciones.
b) El Presidente, será nombrado entre sus miembros por el Rey, a propuesta del mismo Tribunal en Pleno y por un período de tres años.
c) El Pleno lo preside el Presidente del Tribunal y, en su defecto, el Vicepresidente y, a falta de ambos, el Magistrado de mayor edad.
d) La distribución de asuntos entre las Salas del Tribunal se efectuará según un turno establecido por el Pleno a propuesta de su Presidente.

175. ¿De cuántos miembros se compone el Tribunal Constitucional?

a) De cinco.
b) De diez.
c) De doce.
d) De quince.

176. La propuesta de los miembros del Tribunal Constitucional realizada por el Congreso se realiza con la aprobación:

a) Por mayoría de tres quintos de sus miembros.
b) Por mayoría simple de sus miembros.
c) Por mayoría absoluta de sus miembros.
d) Por mayoría de cuatro quintos de sus miembros.

177. ¿Cuál de los siguientes profesionales no es citado directamente para ser miembro del Tribunal Constitucional, con base en el artículo 159.2?

a) Magistrados y Fiscales.
b) Abogados del Estado.
c) Profesores de Universidad.
d) Abogados.

178. La renovación de los miembros del Tribunal Constitucional se realiza de la siguiente manera:

a) Se renovarán por terceras partes cada tres años.
b) Se renovarán por mitades cada tres años.
c) Se renovarán completamente cada tres años.
d) Se renovarán por terceras partes cada seis años.

179. Los miembros del Tribunal Constitucional:

a) Serán independientes, pero no inamovibles en el ejercicio de su mandato.
b) Serán inamovibles, pero no independientes en el ejercicio de su mandato.
c) Serán independientes e inamovibles en el ejercicio de su mandato.
d) No serán ni independientes ni inamovibles en el ejercicio de su mandato.

180. En base al artículo 161.2 de la Constitución Española, podrá impugnar ante el Tribunal Constitucional las disposiciones y resoluciones adoptadas por los órganos de las Comunidades Autónomas:

a) El Parlamento.
b) Las Cortes Generales.
c) Cualquier gobierno autonómico.
d) El Gobierno.

181. Indica la respuesta correcta. Están legitimados para interponer el recurso de amparo:

a) El Abogado del Estado.
b) Toda persona natural, pero no jurídica.
c) El Defensor del Pueblo.
d) El Presidente de la Cámara Baja.

182. Según el artículo 164.1 de la Constitución Española, contra las sentencias del Tribunal Constitucional:

a) No cabe recurso alguno.
b) Cabe recurso ante el Tribunal Supremo.
c) Cabe recurso ante el mismo Tribunal Constitucional.
d) Cabe recurso ante el Consejo General del Poder Judicial.

183. Según la Constitución, las entidades que forman parte de la organización territorial del Estado tienen la nota común de:

a) Autogobierno.
b) Independencia.
c) Autonomía.
d) Financiación propia.

184. La titularidad de la soberanía española radica en el/las:

a) Cortes Generales como representantes del pueblo español.
b) Rey como Jefe del Estado.
c) Pueblo mismo.
d) Nacionalidades y regiones que integran España.

185. No pueden constituirse en Comunidades Autónomas los territorios:

a) Que no estén integrados en la organización provincial.
b) Que, no siendo superiores a una provincia, tengan entidad regional histórica.
c) Que, no siendo superiores a una provincia, no tengan entidad regional histórica.
d) Interinsulares.

186. La vía ordinaria de acceso a la autonomía por el artículo 143 de la Constitución se sigue por los/las:

a) Provincias con entidad regional histórica.
b) Territorios que en el pasado hubieren plebiscitado afirmativamente proyecto de Estatuto de Autonomía.
c) Provincia sin entidad regional histórica directamente.
d) Supuestos especiales de Ceuta, Melilla y Gibraltar.

187. Entre las determinaciones de los Estatutos de Autonomía no es necesario incluir la:

a) Delimitación de su territorio.
b) Denominación de las instituciones autónomas propias.
c) Denominación de la Comunidad.
d) Denominación, organización y sede de sus instituciones administrativas.

188. En las Comunidades Autónomas que siguen la vía común, el Proyecto de Estatuto será elaborado por la/los:

a) Asamblea de Parlamentarios que se constituye al efecto.
b) Comisión Constitucional del Congreso de los Diputados.
c) Diputación Provincial correspondiente.
d) Miembros de la Diputación u órgano interinsular y por los Diputados y Senadores elegidos por ellas.

189. El voto de ratificación por los Plenos del Senado y del Congreso de los Diputados se dará en el/las:

a) Comunidades Autónomas que siguen la vía común.
b) Comunidades Autónomas que siguen la vía especial.
c) Acceso a la autonomía de Ceuta y Melilla.
d) Acceso a la autonomía de Gibraltar.

190. La responsabilidad política del Presidente de una Comunidad Autónoma se exige por el/la:

a) Sala de lo Penal del Tribunal Supremo.
b) Congreso de los Diputados.
c) Tribunal Superior de Justicia de la Comunidad Autónoma.
d) Asamblea Legislativa de la Comunidad Autónoma.

191. La Asamblea Legislativa de las Comunidades Autónomas se elige:

a) Con criterios de representación territorial.
b) Con criterios de representación proporcional.
c) Por sufragio individual.
d) Con criterios de representación provincial.

192. El principio de coordinación con la Hacienda estatal se consigue por:

a) El Fondo de Compensación Interterritorial.
b) Los preceptos de las sucesivas Leyes de Presupuestos Generales del Estado.

c) La creación del Consejo de Política Fiscal y Financiera de las Comunidades Autónomas.
d) Imperativo de la propia Constitución.

193. Los Estatutos de Autonomía deberán contener el/la/las:

a) Competencias que se dejan al Estado y las que asume la Comunidad.
b) Competencias que, en función de la Constitución, asume cada Comunidad Autónoma.
c) Desarrollo de la Administración Autonómica.
d) División provincial y órganos de gobierno.

194. En la reforma de los Estatutos intervienen las Cortes Generales:

a) Siempre.
b) Nunca.
c) Sólo cuando se trata de Comunidades Autónomas que accedieron por la vía común.
d) En las Comunidades Autónomas de vía especial exclusivamente.

195. Los miembros de las Diputaciones u órganos interinsulares intervienen en la elaboración de los Estatutos de Autonomía:

a) En todo caso.
b) Nunca.
c) En las Comunidades Autónomas de vía común.
d) En las Comunidades Autónomas de vía especial.

196. Los Estatutos de Autonomía en la vía común se aprueban por el:

a) Congreso de los Diputados mediante Ley Orgánica.
b) Congreso de los Diputados y Senado por Ley Orgánica.
c) Congreso de los Diputados y Senado por Ley ordinaria.
d) Parlamento Autonómico solamente.

197. La más alta representación de una Comunidad Autónoma la ostenta el:

a) Presidente del Parlamento Autonómico.
b) Presidente de la Comunidad Autónoma.
c) Rey.
d) Presidente del Gobierno de la Nación.

198. La asunción de competencias y de mayor autonomía por las Comunidades Autónomas es, como regla general:

a) Regresiva.
b) Progresiva.

c) Automática.
d) Inmediata.

199. En la elaboración por la vía común de los Estatutos de Autonomía:

a) No intervienen los Municipios afectados.
b) Intervendrán en todo caso.
c) Sólo intervienen las Diputaciones Provinciales u órganos interinsulares.
d) Sólo intervienen los Municipios y los Diputados y Senadores.

200. El principio de solidaridad consagrado por el artículo 138 de la Constitución exige una atención especial a:

a) Las Comunidades Autónomas de economía más deprimida.
b) Las Entidades locales de ámbito territorial inferior al municipal.
c) Todas las partes del territorio nacional.
d) Las Islas.

Solución al test n.º 2

1. b) En la indisoluble unidad de la Nación española.

2. c) Tienen el deber de conocer y el derecho de usar el castellano.

3. d) De las nacionalidades y regiones que la integran.

4. d) Las respuestas b) y c) son correctas.

5. a) Aprobada por las Cortes el 31 de octubre de 1978, ratificada por el pueblo en referéndum el 6 de diciembre de 1978 y publicada el 29 de diciembre de 1978.

6. b) En el Preámbulo.

7. a) El Rey.

8. d) Ningún español de origen podrá ser privado de su nacionalidad.

9. d) La dignidad de la persona, los derechos inviolables que le son inherentes, el libre desarrollo de su personalidad, el respeto a la ley y a los derechos de los demás.

10. b) El pluralismo político.

11. c) Monarquía parlamentaria.

12. b) Parte orgánica.

13. c) Reside en el pueblo español.

14. c) Limitado por la función social de la misma.

15. b) En el Título Preliminar.

16. a) Consensuada.

17. d) Todas las respuestas son correctas.

18. b) Los delitos políticos.

19. c) Su funcionamiento y estructura interna.

20. b) De cinco.

21. b) Igualdad y progresividad.

22. c) 1977.

23. b) 6 de diciembre de 1978.

24. c) Congreso de los Diputados.

25. c) No pasa nada, salvo que, como consecuencia de esa actuación, se infrinja un artículo de la propia Constitución.

26. c) Seguridad jurídica.

27. c) Las respuestas a) y b) son correctas.

28. b) Puede aplicarse retroactivamente.

29. b) Derecho de usar y deber de conocerlo.

30. b) La villa de Madrid.

31. b) En los actos oficiales.

32. d) Todos ellos.

33. b) Fuerzas Armadas.

34. c) 15.

35. a) Ha quedado abolida.

36. a) Detención ilegal.

37. b) No dilatarse.

38. c) Puede efectuarse en todo momento.

39. b) Se necesitará autorización judicial para entrar, si no da su consentimiento para ello.

40. c) Sería inconstitucional.

41. b) Universal.

42. c) Secreto profesional.

43. b) Enseñanza.

44. c) Asistencia de Letrado.

45. b) Inviolabilidad del domicilio.

46. b) El Rey.

47. d) Por ley orgánica.

48. a) Las Cortes Generales.

49. c) Nombrar y relevar a los miembros civiles y militares de la Casa Real.

50. a) Al Rey.

51. d) Por mandato constitucional y en nombre del Rey.

52. d) Está limitada.

53. a) Cualquier persona nombrada por las Cortes, en su caso.

54. c) Al acceder a Rey su padre, si no tiene hermano varón.

55. d) Las respuestas b) y c) son correctas.

56. c) Gobierno de la Nación.

57. a) Su irresponsabilidad política.

58. d) Nada de lo anterior es cierto.

59. c) Se nombraría Princesa heredera a su hermana mayor, si la hubiere.

60. b) Ha de efectuarse a petición del Presidente del Gobierno de la Nación.

61. a) Cortes Generales.

62. b) Proveerá a la sucesión en la Corona por las Cortes Generales.

63. c) Cortes Generales.

64. b) Cortes Generales.

65. d) Las Cortes Generales.

66. c) Una, tres o cinco personas.

67. c) Quince días.

68. d) El Título II.

69. c) Ordinarias, Extraordinarias y Conjuntas.

70. a) Por la mayoría de los miembros presentes.

71. b) Dentro de los 25 días siguientes.

72. d) La Sala de lo Penal del Tribunal Supremo.

73. d) El Presidente de la Cámara respectiva.

74. a) 1.

75. c) Por el Presidente del Congreso.

76. a) Sufragio universal, libre, igual, directo y secreto.

77. d) Que así lo autorice su respectiva Cámara.

78. c) Son electores y elegibles todos los españoles que estén en pleno uso de sus derechos políticos.

79. b) 300.

80. d) Ministro.

81. c) Uno.

82. c) Congreso de los Diputados.

83. c) Presidente de la Cámara.

84. d) No se establece.

85. c) Mesa de cada Cámara.

86. c) En diciembre.

87. c) Orgánica.

88. a) Cada una de ellas por un Diputado.

89. d) Las Comunidades Autónomas designarán, además, un Senador y otro más por cada medio millón de habitantes de su respectivo territorio.

90. b) Con la Ley 1/1977, de 4 de enero, para la Reforma Política.

91. d) La potestad legislativa del Estado.

92. a) Individuales y colectivas, siempre por escrito.

93. c) Públicas, salvo acuerdo en contrario de cada Cámara, adoptado por mayoría absoluta.

94. a) Las leyes de bases delimitarán con precisión el objeto y alcance de la delegación legislativa y los principios y criterios que han de seguirse en su ejercicio.

95. b) Serán aprobados en Consejo de Ministros, que los someterá al Congreso, acompañados de una exposición de motivos y de los antecedentes necesarios para pronunciarse sobre ellos.

96. a) Los Reglamentos de las Cámaras.

97. b) Será convocado por el Rey, mediante propuesta del Presidente del Gobierno, previamente autorizada por el Congreso de los Diputados.

98. c) Por mayoría absoluta de sus miembros.

99. c) A través del Presidente del Congreso.

100. c) La cuarta parte de los miembros del Congreso de los Diputados.

101. b) El Rey, a propuesta del Presidente del Gobierno.

102. b) El Congreso de los Diputados.

103. b) Colegiado.

104. a) Descentralización y desconcentración.

105. d) A los Tribunales según la materia.

106. a) Los Ministros.

107. d) El Gobierno.

108. c) Investidura.

109. b) Todos los Ministros tienen idéntico rango político y administrativo.

110. b) Por el Rey, a propuesta del Presidente del Gobierno.

111. b) El Rey.

112. b) El Rey a propuesta del Presidente del Gobierno.

113. a) No.

114. c) El Congreso de los Diputados manifiesta su confianza con la persona que el Rey ha propuesto como Presidente.

115. b) Sí.

116. c) El Consejo de Estado.

117. c) Mayoría simple en el Congreso.

118. a) Aprobar los presupuestos Generales del Estado.

119. b) El Presidente del Gobierno.

120. b) El Presidente, los Vicepresidentes en su caso, los Ministros y los demás miembros que establezca la Ley.

121. c) Ratificación de la confianza por el Senado.

122. c) El Gobierno.

123. c) La Sala de lo Penal del Tribunal Supremo.

124. d) La aprobación, por mayoría absoluta, del Congreso.

125. c) El Presidente del Gobierno.

126. a) Sí.

127. c) División del trabajo.

128. b) Mayoría absoluta del Congreso de los Diputados.

129. a) Simple del Congreso de los Diputados.

130. a) Nombrar al Defensor del Pueblo.

131. c) La moción de censura.

132. c) Ante el Congreso de los Diputados.

133. d) El Congreso de los Diputados.

134. b) 35 Diputados.

135. a) La décima parte de los Diputados.

136. d) El Presidente del Gobierno.

137. a) Mayoría simple.

138. c) Solidariamente ante el Congreso.

139. d) Solidariamente ante el Congreso de los Diputados.

140. a) La moción de censura.

141. b) La propuesta de disolución de las Cortes.

142. c) Solidario.

143. b) Siempre que lo deseen.

144. a) Sí.

145. b) Una décima parte de la Cámara.

146. c) Se dará cuenta al Congreso de los Diputados, sin cuya autorización no podrá ser prorrogado dicho plazo.

147. a) Cinco días.

148. c) Ante el Congreso de los Diputados.

149. a) El Rey.

150. b) El Congreso.

151. b) Será declarado por el Gobierno mediante decreto acordado en Consejo de Ministros por un plazo máximo de quince días, dando cuenta al Congreso de los Diputados, reunido inmediatamente al efecto y sin cuya autorización no podrá ser prorrogado dicho plazo.

152. b) Mayoría absoluta.

153. b) El mismo período de sesiones.

154. a) Una moción.

155. b) El Gobierno de la Nación en sí responde ante el Congreso de los Diputados y no cada uno de sus miembros individualmente considerado.

156. c) Político.

157. d) Inexistente.

158. a) Semanal.

159. a) Una moción.

160. a) Congreso de los Diputados exclusivamente.

161. a) Presidente del Gobierno de la Nación.

162. c) Delibera.

163. b) Mismo período de sesiones.

164. c) Rey.

165. b) Gobierno de la Nación, por quince días.

166. a) Excepción.

167. a) Congreso de los Diputados por mayoría absoluta.

168. c) Rey.

169. c) Pueblo soberano.

170. d) Incluye a todas ellas.

171. b) Predominantemente oral.

172. d) Tribunal Supremo.

173. c) Defensa del interés privado tutelado por la ley.

174. c) El Pleno lo preside el Presidente del Tribunal y, en su defecto, el Vicepresidente y, a falta de ambos, el Magistrado de mayor edad.

175. c) De doce.

176. a) Por mayoría de tres quintos de sus miembros.

177. b) Abogados del Estado.

178. a) Se renovarán por terceras partes cada tres años.

179. c) Serán independientes e inamovibles en el ejercicio de su mandato.

180. d) El Gobierno.

181. c) El Defensor del Pueblo.

182. a) No cabe recurso alguno.

183. c) Autonomía.

184. c) Pueblo mismo.

185. d) Interinsulares.

186. a) Provincias con entidad regional histórica.

187. d) Denominación, organización y sede de sus instituciones administrativas.

188. d) Miembros de la Diputación u órgano interinsular y por los Diputados y Senadores elegidos por ellas.

189. b) Comunidades Autónomas que siguen la vía especial.

190. d) Asamblea Legislativa de la Comunidad Autónoma.

191. b) Con criterios de representación proporcional.

192. c) La creación del Consejo de Política Fiscal y Financiera de las Comunidades Autónomas.

193. b) Competencias que, en función de la Constitución, asume cada Comunidad Autónoma.

194. a) Siempre.

195. c) En las Comunidades Autónomas de vía común.

196. b) Congreso de los Diputados y Senado por Ley Orgánica.

197. b) Presidente de la Comunidad Autónoma.

198. b) Progresiva.

199. a) No intervienen los Municipios afectados.

200. d) Las Islas.

TEST N.º 3

El Estatuto de Autonomía para Cantabria: Las instituciones de autogobierno. El Parlamento. El Presidente. El Gobierno y la Administración. Las competencias de la Comunidad Autónoma de Cantabria

1. Los poderes de la Comunidad Autónoma de Cantabria emanan:

a) De la Constitución y del pueblo cántabro.
b) Del Estatuto de Autonomía.
c) Del Parlamento de Cantabria y del Gobierno.
d) Las respuestas a) y b) son correctas.

2. El Tribunal Superior de Justicia de Cantabria es un órgano:

a) De la Comunidad Autónoma de Cantabria.
b) Supranacional.
c) Del Poder Judicial.
d) Independiente.

3. La responsabilidad penal de los Diputados del Parlamento de Cantabria se atribuye:

a) Al Tribunal Superior de Justicia de Cantabria.
b) Al Juzgado de lo Penal competente.
c) A la Sala de lo Penal del Tribunal Supremo.
d) A los jueces ordinarios predeterminados por la Ley.

4. El Parlamento de Cantabria tiene competencia para:

a) Ejercer la iniciativa legislativa.
b) Plantear la cuestión de confianza al Presidente del Gobierno.
c) Impulsar y controlar la acción política del Gobierno.
d) Todas las respuestas son correctas.

5. La aprobación de los presupuestos de la Comunidad Autónoma de Cantabria corresponde al:

a) Parlamento.
b) Consejero competente.
c) Gobierno.
d) Presidente del Parlamento de Cantabria.

6. El pueblo cántabro está representado en:

a) El Parlamento de Cantabria.
b) El Gobierno.
c) Ambos a la vez.
d) El Senado.

7. Las sesiones del Parlamento de Cantabria pueden ser:

a) Ordinarias.
b) Extraordinarias.
c) Ordinarias y extraordinarias.
d) Ordinarias, urgentes y extraordinarias.

8. Elaborar y aprobar el proyecto de Ley de Presupuestos Generales de la Comunidad Autónoma corresponde:

a) Al Gobierno autonómico.
b) Al Parlamento autonómico.
c) Al Presidente autonómico.
d) Todas las respuestas anteriores son incorrectas.

9. La aprobación del Reglamento del Parlamento de Cantabria precisa:

a) La mayoría absoluta de los Diputados.
b) La mayoría simple de los Diputados.
c) Los 2/3 de los Diputados.
d) Los 3/5 de los Diputados.

10. Son electores y elegibles en las elecciones al Parlamento de Cantabria:

a) Los cántabros mayores de 18 años que estén en el pleno goce de sus derechos políticos.
b) Los cántabros mayores de 18 años, estén o no en el pleno goce de sus derechos políticos.
c) Cualquier ciudadano mayor de 18 años que esté en el pleno goce de sus derechos políticos.
d) Los cántabros menores de 18 años que estén en el pleno goce de sus derechos políticos.

11. ¿En cuál de los siguientes casos los Diputados del Parlamento de Cantabria pueden ser detenidos por la comisión de actos delictivos durante su mandato?

a) En cualquier caso.
b) En caso de flagrante delito.
c) En ningún caso.
d) Cuando así se autorice por el Parlamento de Cantabria.

12. ¿En cuál de los siguientes casos no cabría convocar sesiones extraordinarias del Parlamento de Cantabria?

a) Por el Presidente del Parlamento.
b) A petición de la Diputación Permanente.
c) A petición del Gobierno.
d) A petición de la sexta parte de los Diputados.

13. El reconocimiento del origen cántabro a las comunidades montañesas o cántabras asentadas fuera del ámbito territorial de Cantabria implica:

a) El derecho a colaborar y compartir la vida social y cultural de Cantabria.
b) La concesión de derechos políticos.
c) El ejercicio del derecho de autogobierno que la Constitución reconoce a toda nacionalidad.
d) El deber a cooperar económicamente en la ejecución de actividades culturales.

14. Las leyes aprobadas por el Parlamento de Cantabria se promulgan por:

a) El Rey.
b) El Presidente del Gobierno de Cantabria, en nombre del Rey.
c) El Presidente de las Cortes Generales.
d) El Presidente del Parlamento de Cantabria.

15. ¿En qué plazo se celebran las elecciones al Parlamento de Cantabria una vez expirado el mandato parlamentario?

a) El cuarto domingo de mayo cada cuatro años.
b) Entre los cuarenta y sesenta días posteriores a la expiración del mandato.
c) Entre los treinta y setenta días posteriores a la expiración del mandato.
d) El primer domingo de mayo cada cuatro años.

16. La representación ordinaria del Estado en la Comunidad Autónoma de Cantabria la ostenta:

a) El Presidente de la Comunidad Autónoma.
b) El Delegado del Gobierno.

c) El Presidente del Parlamento de Cantabria.
d) El Rey.

17. Indica en qué casos el Presidente de la Comunidad Autónoma de Cantabria puede delegar permanentemente funciones propias en uno de los Consejeros:

a) En ningún caso.
b) En los casos en que se admita la delegación.
c) En caso de ausencia.
d) En materias administrativas.

18. En el ámbito de las competencias de la Comunidad Autónoma de Cantabria, la petición de informes al Consejo de Estado se suscribe por:

a) El Presidente del Parlamento de Cantabria.
b) El Consejero de Presidencia.
c) El Presidente del Gobierno.
d) El Consejero respectivo.

29. El nombramiento del Presidente de la Comunidad Autónoma de Cantabria corresponde al:

a) Rey.
b) Presidente del Parlamento de Cantabria.
c) Rey, a propuesta del Presidente del Gobierno.
d) Rey, a propuesta del Consejero de Presidencia.

20. La responsabilidad política del Gobierno ante el Parlamento de Cantabria es:

a) Solidaria.
b) Individual de cada Consejero.
c) Mancomunada.
d) Solidaria, sin perjuicio de la responsabilidad directa de cada Consejero por su gestión.

21. El Presidente de la Comunidad Autónoma de Cantabria es responsable político ante:

a) El Parlamento de Cantabria.
b) El Tribunal Supremo.
c) El Gobierno.
d) El Tribunal Superior de Justicia de Cantabria.

22. La publicación del nombramiento del Presidente del Tribunal Superior de Justicia de Cantabria en el «Boletín Oficial de Cantabria» corresponde ordenarlo al:

a) Ministerio de Justicia.
b) Rey, a propuesta del Presidente del Consejo General del Poder Judicial.

c) Presidente de la Comunidad Autónoma de Cantabria.

d) Presidente del Gobierno, a propuesta del Rey.

23. La responsabilidad penal del Presidente de la Comunidad Autónoma de Cantabria por actos cometidos en el ámbito de la Comunidad Autónoma de Cantabria es exigible ante:

a) d) El Tribunal ordinario legalmente predeterminado.

b) La Sala Segunda del Tribunal Supremo.

c) La Audiencia Nacional.

d) La Sala Cuarta del Tribunal Supremo.

24. La responsabilidad penal de los Consejeros por los delitos cometidos fuera del ámbito territorial de la Comunidad Autónoma de Cantabria es exigible ante:

a) El Tribunal Superior de Justicia de Cantabria.

b) Los jueces ordinarios predeterminados por la Ley.

c) El Juzgado de lo Penal competente por razón del lugar en que se haya cometido el delito.

d) La Sala Tercera del Tribunal Supremo.

25. La adopción de la moción de censura por el Parlamento de Cantabria requiere:

a) La mayoría absoluta de los Diputados.

b) La mayoría simple de los Diputados.

c) Las 2/5 partes de los Diputados.

d) Las 3/5 partes de los Diputados.

26. Indica la mayoría que deberá obtener en segunda votación el candidato a Presidente de la Comunidad Autónoma de Cantabria para ser elegido:

a) Mayoría simple.

b) Mayoría absoluta.

c) Mayoría de 3/5.

d) Ninguna de las anteriores es correcta.

27. Para otorgar la confianza al Presidente de la Comunidad Autónoma de Cantabria es preciso:

a) La mayoría absoluta de los miembros del Parlamento.

b) La mayoría simple de los miembros del Parlamento.

c) Las 2/3 partes de los miembros del Parlamento.

d) Las 3/5 partes de los miembros del Parlamento.

28. El Presidente de la Comunidad Autónoma de Cantabria es elegido por:

a) El Parlamento de entre sus miembros.

b) El Rey, a propuesta del Presidente del Parlamento de Cantabria.

c) El Presidente del Parlamento de Cantabria.
d) Los Consejeros.

29. Indica el número mínimo de diputados que se precisa para plantear una moción de censura en el Parlamento de Cantabria:

a) El 10% de los Diputados.
b) El 15% de los Diputados.
c) El 25% de los Diputados.
d) Ninguna respuesta es correcta.

30. En el ejercicio de las competencias exclusivas de Cantabria corresponde:

a) Al Parlamento la potestad legislativa y al Gobierno la potestad reglamentaria.
b) A las Cortes Generales la potestad legislativa y al Gobierno la potestad reglamentaria.
c) Las potestades legislativa y reglamentaria se atribuyen al Gobierno.
d) Ninguna respuesta es correcta.

31. Le corresponde establecer el orden del día del Parlamento de Cantabria al/a la:

a) El Presidente, oída la Mesa.
b) La Mesa, oída la Junta de Portavoces.
c) La Junta de Portavoces, oído el Presidente.
d) El Pleno del Parlamento.

32. En el supuesto de cese del Presidente del Parlamento de Cantabria por haber perdido su condición de Diputado, se convocará a la Cámara para la elección del nuevo Presidente dentro de:

a) Los siete días siguientes a producirse el hecho determinante del cese.
b) Los diez días siguientes a producirse el hecho determinante del cese.
c) Los quince días siguientes a producirse el hecho determinante del cese.
d) Los veinte días siguientes a producirse el hecho determinante del cese.

33. La Comunidad Autónoma de Cantabria no tiene competencia exclusiva en:

a) Estadísticas para fines de la Comunidad Autónoma.
b) Puertos, aeropuertos y helipuertos que no tengan la calificación de interés general del Estado.
c) Régimen minero y energético.
d) Régimen local.

34. La pesca en aguas interiores es una competencia de la comunidad:

a) Ejecutiva.
b) Sanitaria.

c) Legislativa y ejecutiva.
d) Exclusiva.

35. Indica las potestades que se atribuyen a la Comunidad Autónoma de Cantabria:

a) La potestad expropiatoria.
b) Las potestades de deslinde, investigación y recuperación.
c) La potestad sancionadora.
d) Todas las respuestas son correctas.

36. Las funciones ejecutivas y administrativas de la Comunidad Autónoma de Cantabria son ejercidas por:

a) El Gobierno.
b) El Presidente del Gobierno.
c) Los Consejeros.
d) Los Vicepresidentes.

37. ¿En cuál de las siguientes materias tiene competencia exclusiva la Comunidad Autónoma de Cantabria?

a) Propiedad intelectual e industrial.
b) Ferias internacionales que se celebren en Cantabria.
c) Expropiación forzosa.
d) Promoción y tutela de menores.

38. La materia de espectáculos públicos es una competencia de la Comunidad Autónoma de Cantabria:

a) Exclusiva.
b) Ejecutiva.
c) De desarrollo legislativo y ejecutivo.
d) De desarrollo legislativo.

39. La organización y estructura de los organismos autónomos de la Comunidad Autónoma de Cantabria es competencia de esta de forma:

a) Exclusiva.
b) Ejecutiva.
c) Organizativa.
d) Administrativa.

40. Indica el carácter de la competencia de la Comunidad Autónoma de Cantabria en materia de pesas, medidas y contraste de metales:

a) Exclusiva.
b) De ejecución.

c) De desarrollo legislativo y ejecución.
d) Ninguna respuesta es correcta.

41. En la Comunidad Autónoma de Cantabria la competencia de ordenación del sector pesquero es:

a) Ejecutiva.
b) Exclusiva.
c) De desarrollo legislativo y ejecutivo.
d) De desarrollo legislativo.

42. El esquema competencial atribuido a la Comunidad Autónoma de Cantabria puede verse incrementado por los mecanismos complementarios previstos en el artículo 27 del EAC:

a) Transcurridos cinco años desde que el acuerdo del Parlamento cántabro aprobó la asunción de nuevas competencias.
b) Por atribución de las Cortes Generales de materias competencia exclusiva del Estado.
c) Mediante transferencia o delegación del Estado en virtud de Ley Orgánica.
d) Todas las anteriores.

43. El Defensor del Pueblo podrá supervisar la actividad de la Administración:

a) Siempre y cuando lo autorice el Presidente de la Diputación.
b) Dando cuenta al Parlamento cántabro.
c) Bajo la supervisión del Gobierno cántabro, que habrá de votarlo por mayoría absoluta.
d) Ninguna es correcta.

44. ¿Cuál de las siguientes no es una potestad o privilegio de la que goce la Comunidad Autónoma de Cantabria?

a) La legitimidad de sus actos.
b) La irrecurribilidad de sus resoluciones.
c) La inembargabilidad de sus bienes.
d) La exención de prestar caución ante los Tribunales de Justicia.

45. Para el ejercicio de la competencia de vigilancia y protección de sus edificios e instalaciones la Comunidad Autónoma de Cantabria podrá:

a) Contratar seguridad privada.
b) Ejercerla mediante Policía Local.
c) Convenir con el Estado la adscripción de una unidad del Cuerpo Nacional de Policía.
d) Cedérselo a la Ertzaintza.

Solución al test n.º 3

1. d) Las respuestas a) y b) son correctas.

2. c) Del Poder Judicial.

3. d) A los jueces ordinarios predeterminados por la Ley.

4. d) Todas las respuestas son correctas.

5. a) Parlamento.

6. a) El Parlamento de Cantabria.

7. c) Ordinarias y extraordinarias.

8. a) Al Gobierno autonómico.

9. a) La mayoría absoluta de los Diputados.

10. a) Los cántabros mayores de 18 años que estén en el pleno goce de sus derechos políticos.

11. b) En caso de flagrante delito.

12. d) A petición de la sexta parte de los Diputados.

13. a) El derecho a colaborar y compartir la vida social y cultural de Cantabria.

14. b) El Presidente del Gobierno de Cantabria, en nombre del Rey.

15. a) El cuarto domingo de mayo cada cuatro años.

16. a) El Presidente de la Comunidad Autónoma.

17. a) En ningún caso.

18. c) El Presidente del Gobierno.

19. a) Rey.

20. d) Solidaria, sin perjuicio de la responsabilidad directa de cada Consejero por su gestión.

21. a) El Parlamento de Cantabria.

22. c) Presidente de la Comunidad Autónoma de Cantabria.

23. b) La Sala Segunda del Tribunal Supremo.

24. b) Los jueces ordinarios predeterminados por la Ley.

25. a) La mayoría absoluta de los Diputados.

26. a) Mayoría simple.

27. a) La mayoría absoluta de los miembros del Parlamento.

28. b) El Rey, a propuesta del Presidente del Parlamento de Cantabria.

29. a) El 10% de los Diputados.

30. a) Al Parlamento la potestad legislativa y al Gobierno la potestad reglamentaria.

31. b) La Mesa, oída la Junta de Portavoces.

32. d) Los veinte días siguientes a producirse el hecho determinante del cese.

33. c) Régimen minero y energético.

34. a) Ejecutiva.

35. d) Todas las respuestas son correctas.

36. d) Los Vicepresidentes.

37. d) Promoción y tutela de menores.

38. b) Ejecutiva.

39. a) Exclusiva.

40. b) De ejecución.

41. c) De desarrollo legislativo y ejecutivo.

42. b) Por atribución de las Cortes Generales de materias competencia exclusiva del Estado.

43. b) Dando cuenta al Parlamento cántabro.

44. b) La irrecurribilidad de sus resoluciones.

45. c) Convenir con el Estado la adscripción de una unidad del Cuerpo Nacional de Policía.

TEST N.º 4

La Ley 5/2018, de 22 de noviembre, de Régimen Jurídico del Gobierno, de la Administración y del Sector Público Institucional de la Comunidad Autónoma de Cantabria: ámbito de aplicación (Título Preliminar), del Gobierno de la Comunidad Autónoma de Cantabria y de sus miembros (Título I), de la Administración de la Comunidad Autónoma de Cantabria (Título II), del sector público institucional de la Comunidad Autónoma de Cantabria (Título III), de la actividad de la Administración y del sector público institucional de la Comunidad Autónoma de Cantabria (Título IV, Capítulos I, II y III)

1. ¿Cuál es el objeto de la Ley 5/2018, de 22 de noviembre?

a) Regular la organización de las Cortes Generales.
b) Regular la organización y funcionamiento del Gobierno, la Administración y el Sector Público Institucional de Cantabria.
c) Regular las competencias del Poder Judicial.
d) Regular el sistema electoral.

2. ¿Quién dirige el Gobierno de Cantabria?

a) El Rey.
h) El Vicepresidente.
c) El Presidente.
d) El Parlamento.

3. ¿Qué entidades conforman la Administración de la Comunidad Autónoma de Cantabria?

a) La Administración General y las entidades de Derecho Público.
b) El Gobierno y el Parlamento.
c) Las Cortes Generales.
d) El Tribunal Constitucional.

4. ¿Quién tiene personalidad jurídica propia dentro de la Administración de Cantabria?

a) Los tribunales.
b) Las entidades de Derecho Público vinculadas o dependientes de la Administración General.
c) El Presidente de la Comunidad Autónoma.
d) Los órganos judiciales.

5. ¿Qué comprende el Sector Público Institucional de Cantabria?

a) Solo las universidades.
b) Organismos públicos, entidades de derecho público y derecho privado vinculadas a la Administración General.
c) Los Consejeros.
d) El Parlamento.

6. ¿Quién elige al Presidente de la Comunidad Autónoma de Cantabria?

a) El Rey.
b) El Gobierno.
c) El Parlamento de Cantabria.
d) La Comisión Europea.

7. ¿Dónde se publica el Real Decreto de nombramiento del Presidente de Cantabria?

a) En el Diario Oficial de la Unión Europea.
b) En el Boletín Oficial del Estado y el Boletín Oficial de Cantabria.
c) En el Boletín de las Cortes.
d) En el Boletín Judicial.

8. ¿Qué derechos tiene el Presidente de Cantabria en razón de su cargo?

a) El uso de la bandera de España.
b) La percepción de honorarios judiciales.
c) Usar la bandera de Cantabria como guion.
d) Recibir títulos nobiliarios.

9. ¿Qué función tiene el Presidente de Cantabria como representante ordinario del Estado en Cantabria?

a) Firmar tratados internacionales.
b) Promulgar en nombre del Rey las leyes de Cantabria.
c) Dictar sentencias judiciales.
d) Reformar la Constitución.

10. ¿Qué órgano colegiado dirige la acción política en Cantabria?

a) El Parlamento.
b) El Consejo de Gobierno.
c) El Tribunal Constitucional.
d) El Consejo General del Poder Judicial.

11. ¿Cuál es el máximo número de Consejeros con responsabilidad ejecutiva en el Gobierno de Cantabria?

a) 5.
b) 10.
c) 15.
d) 12.

12. ¿Qué porcentaje de representación por sexo debe haber en el Gobierno de Cantabria?

a) Al menos un 40 %.
b) Al menos un 20 %.
c) Al menos un 50 %.
d) No se requiere un porcentaje específico.

13. ¿Quién tiene la facultad de aprobar los proyectos de ley en Cantabria?

a) El Rey.
b) El Parlamento Europeo.
c) El Gobierno de Cantabria.
d) El Tribunal Supremo.

14. ¿Qué debe hacer el Gobierno cesante tras la celebración de elecciones al Parlamento de Cantabria?

a) Presentar nuevos proyectos de ley.
b) Continuar en funciones hasta la toma de posesión del nuevo Gobierno.
c) Convocar nuevas elecciones.
d) Disolver el Parlamento.

15. ¿Qué documento regula la estructura y funciones del Gabinete del Presidente de Cantabria?

a) Un decreto del Presidente.
b) El Estatuto de Autonomía.
c) Una orden judicial.
d) La Constitución Española.

16. ¿Qué requisitos se deben cumplir para que el Presidente de Cantabria delegue temporalmente sus atribuciones?

a) Se debe publicar en el Boletín Oficial de Cantabria y comunicar al Parlamento.
b) No se necesita publicación ni comunicación.
c) Requiere autorización del rey.
d) Se necesita una aprobación por mayoría absoluta del Parlamento.

17. ¿Quién puede suplir al presidente de Cantabria en caso de enfermedad o ausencia?

a) El Vicepresidente.
b) El Parlamento.
c) El Rey.
d) El Tribunal Supremo.

18. ¿Qué órgano asiste al Consejo de Gobierno en Cantabria?

a) La Comisión Europea.
b) La Comisión de Secretarios Generales.
c) El Tribunal de Cuentas.
d) El Parlamento.

19. ¿Qué órgano coordina la actividad administrativa en Cantabria?

a) La Presidencia del Gobierno.
b) El Consejo de Ministros.
c) El Consejo de Gobierno.
d) El Parlamento.

20. ¿Qué función tiene el Secretario General en una Consejería de Cantabria?

a) Elaborar proyectos de ley.
b) Ostentar la representación de la Consejería por orden del Consejero.
c) Dictar sentencias judiciales.
d) Fijar el presupuesto del Estado.

21. ¿Quién es el responsable de la jefatura superior del personal en cada Consejería de Cantabria?

a) El presidente.
b) El secretario general.
c) El Consejo de Gobierno.
d) El Tribunal Supremo.

22. ¿Qué órgano tiene la competencia para fijar las directrices generales de la acción de gobierno en Cantabria?

a) El Consejo General del Poder Judicial.
b) El Presidente de Cantabria.
c) El Tribunal Constitucional.
d) El Parlamento.

23. ¿Qué función desempeña el Director General en una Consejería de Cantabria?

a) Elaborar sentencias judiciales.
b) Proponer candidatos al Parlamento.
c) Fijar el presupuesto estatal.
d) Dirigir y gestionar los servicios de su Consejería.

24. ¿Qué órgano del Gobierno de Cantabria puede aprobar decretos legislativos?

a) El Tribunal Supremo.
b) El Presidente del Gobierno.
c) El Parlamento.
d) El Consejo de Gobierno.

25. ¿Cómo se estructura la Administración General de Cantabria?

a) Por departamentos.
b) Por Consejerías.
c) Por órganos judiciales.
d) Por ministerios.

26. ¿Quién puede formular la moción de censura en Cantabria?

a) El Consejo de Gobierno.
b) El Presidente.
c) El Parlamento de Cantabria.
d) El Tribunal Constitucional.

27. ¿Qué órgano tiene la potestad de aprobar reglamentos en Cantabria?

a) El Tribunal Supremo.
b) El Presidente de Cantabria.
c) El Gobierno de Cantabria.
d) El Parlamento Europeo.

28. ¿Cuál es el plazo máximo para que el Presidente de Cantabria promulgue las leyes?

a) 5 días.
b) 10 días.

c) 15 días.
d) 30 días.

29. ¿Qué sucede tras el cese del presidente de Cantabria?

a) El Gobierno sigue en funciones hasta la toma de posesión del nuevo Gobierno.
b) Se convocan elecciones generales.
c) El Parlamento asume el poder ejecutivo.
d) Se disuelve el Parlamento.

30. ¿Quién puede avocar el conocimiento de un asunto en Cantabria?

a) El vicepresidente.
b) Los órganos superiores de la Administración.
c) El Consejo de Gobierno.
d) El Tribunal Supremo.

31. ¿Qué procedimiento requiere la delegación de competencias en Cantabria?

a) Un acuerdo del Rey.
b) Un decreto del Presidente.
c) La publicación en el Boletín Oficial de Cantabria.
d) Un tratado internacional.

32. ¿Qué órgano elabora los proyectos de ley en Cantabria?

a) El Tribunal Constitucional.
b) El Presidente del Gobierno.
c) Las Consejerías.
d) El Tribunal Supremo.

33. ¿Qué órgano puede encomendar la gestión de actividades administrativas en Cantabria?

a) El Consejo de Gobierno.
b) El Presidente.
c) Los órganos de la Administración General.
d) El Tribunal Supremo.

34. ¿Qué plazo tienen los Consejeros para declarar sus bienes tras su toma de posesión:

a) 15 días.
b) 30 días.
c) 2 meses.
d) 6 meses.

35. ¿Qué se exige en las disposiciones generales de la Ley 5/2018 sobre la representación de ambos sexos en el Gobierno?

a) Al menos un 30 % de cada sexo.
b) Al menos un 50 % de mujeres.
c) Al menos un 40 % de cada sexo.
d) No hay requisitos.

36. ¿Qué atribuciones NO puede delegar temporalmente el Presidente de Cantabria?

a) La fijación de directrices de la acción de gobierno.
b) La firma de los convenios.
c) La convocatoria de elecciones al Parlamento.
d) La resolución de conflictos entre Consejerías.

37. ¿Cuál es el límite máximo de consejeros sin cartera en el Gobierno de Cantabria?

a) 3.
b) 2.
c) 4.
d) 1.

38. ¿Qué organismo puede firmar los protocolos y convenios en Cantabria?

a) El Parlamento.
b) El Presidente del Gobierno.
c) Los consejeros, con autorización del Gobierno.
d) El Tribunal Constitucional.

39. ¿Qué debe hacer un consejero en caso de vacante temporal en su cargo?

a) Suplir al presidente.
b) Delegar sus funciones en un secretario.
c) Seguir en funciones hasta nuevo nombramiento.
d) El Presidente designará un suplente mediante decreto.

40. ¿Cómo se elabora un anteproyecto de ley en Cantabria?

a) Por iniciativa del Parlamento.
b) Por iniciativa de las Consejerías.
c) Por iniciativa del Tribunal Supremo.
d) Por iniciativa de los Ayuntamientos.

Solución al test n.º 4

1. b) Regular la organización y funcionamiento del Gobierno, la Administración y el Sector Público Institucional de Cantabria.

2. c) El Presidente.

3. a) La Administración General y las entidades de Derecho Público.

4. b) Las entidades de Derecho Público vinculadas o dependientes de la Administración General.

5. b) Organismos públicos, entidades de derecho público y derecho privado vinculadas a la Administración General.

6. c) El Parlamento de Cantabria.

7. b) En el Boletín Oficial del Estado y el Boletín Oficial de Cantabria.

8. c) Usar la bandera de Cantabria como guion.

9. b) Promulgar en nombre del Rey las leyes de Cantabria.

10. b) El Consejo de Gobierno.

11. b) 10.

12. a) Al menos un 40 %.

13. c) El Gobierno de Cantabria.

14. b) Continuar en funciones hasta la toma de posesión del nuevo Gobierno.

15. a) Un decreto del Presidente.

16. a) Se debe publicar en el Boletín Oficial de Cantabria y comunicar al Parlamento.

17. a) El Vicepresidente.

18. b) La Comisión de Secretarios Generales.

19. c) El Consejo de Gobierno.

20. b) Ostentar la representación de la Consejería por orden del Consejero.

21. b) El secretario general.

22. b) El Presidente de Cantabria.

23. d) Dirigir y gestionar los servicios de su Consejería.

24. d) El Consejo de Gobierno.

25. b) Por Consejerías.

26. c) El Parlamento de Cantabria.

27. c) El Gobierno de Cantabria.

28. c) 15 días.

29. a) El Gobierno sigue en funciones hasta la toma de posesión del nuevo Gobierno.

30. b) Los órganos superiores de la Administración.

31. c) La publicación en el Boletín Oficial de Cantabria.

32. c) Las Consejerías.

33. c) Los órganos de la Administración General.

34. c) 2 meses.

35. c) Al menos un 40 % de cada sexo.

36. c) La convocatoria de elecciones al Parlamento.

37. b) 2.

38. c) Los consejeros, con autorización del Gobierno.

39. d) El Presidente designará un suplente mediante decreto.

40. b) Por iniciativa de las Consejerías.

TEST N.º 5

La Ley 39/2015, de 1 de octubre, del Procedimiento Administrativo Común de las Administraciones Públicas: Disposiciones Generales (Título Preliminar), de los interesados en el procedimiento (Título I), de la actividad de las Administraciones Públicas (Título II), de los actos administrativos (Título III), de las disposiciones sobre el procedimiento administrativo común (Título IV), de la revisión de los actos en vía administrativa (Título V)

1. En materia de representación, la LPACAP incluye nuevos medios para acreditarla en el ámbito exclusivo de las Administraciones Públicas, como son, entre otros:

a) El apoderamiento notarial de forma electrónica.
b) El apoderamiento *apud acta*, presencial o electrónico.
c) El apoderamiento *anod actus*, presencial o electrónico.
d) El apoderamiento *acta omnis*, presencial.

2. La LPACAP establece, con carácter general, la obligación de las Administraciones Públicas de:

a) No admitir que el interesado pueda presentar con carácter general copias de documentos en soporte papel.
b) No admitir que el interesado pueda presentar con carácter general copias de documentos que hayan sido digitalizadas.
c) Requerir documentos ya aportados por los interesados, elaborados por las Administraciones Públicas o documentos originales.
d) No requerir documentos ya aportados por los interesados, elaborados por las Administraciones Públicas o documentos originales.

3. La edad mínima para entablar por sí solo relaciones con la Administración Pública es de:

a) Dieciocho años.
b) Depende de los casos.

c) Veintiún años la mujer casada.
d) Dieciséis años.

4. La falta o insuficiente acreditación de la representación no impedirá que se tenga por realizado el acto de que se trate, siempre que se aporte aquella o se subsane el defecto dentro del plazo que deberá conceder al efecto el órgano administrativo, de:

a) Un mes, o de un plazo superior cuando las circunstancias del caso así lo requieran.
b) Veinte días, o de un plazo superior cuando las circunstancias del caso así lo requieran.
c) Quince días, o de un plazo superior cuando las circunstancias del caso así lo requieran.
d) Diez días, o de un plazo superior cuando las circunstancias del caso así lo requieran.

5. Los poderes inscritos en el registro electrónico de apoderamiento tendrán una validez determinada máxima de:

a) Diez años a contar desde la fecha de inscripción.
b) Cinco años a contar desde la fecha de inscripción.
c) Tres años a contar desde la fecha de inscripción.
d) Dos años a contar desde la fecha de inscripción.

6. Señala la respuesta incorrecta respecto a los interesados:

a) Se consideran interesados en el procedimiento administrativo los que, sin haber iniciado el procedimiento, tengan derechos que puedan resultar afectados por la decisión que en el mismo se adopte.
b) Cuando en una solicitud, escrito o comunicación figuren varios interesados, las actuaciones a que den lugar se efectuarán con el representante o el interesado que expresamente hayan señalado, y, en su defecto, con cualquiera de los demás.
c) Cuando la condición de interesado derivase de alguna relación jurídica transmisible, el derecho-habiente sucederá en tal condición cualquiera que sea el estado del procedimiento.
d) La presentación de una denuncia y la comparecencia en el trámite de información pública, respectivamente, no confieren u otorgan, por sí solas, la condición de interesado en el procedimiento.

7. En Derecho Administrativo, a diferencia del Derecho Privado, se puede reconocer a los menores de edad:

a) Capacidad jurídica.
b) Capacidad de obrar.
c) Ambas capacidades.
d) Ninguna de ellas.

8. Señala la respuesta incorrecta. Las Administraciones Públicas solo requerirán a los interesados el uso obligatorio de firma para:

a) Presentar declaraciones responsables o comunicaciones.
b) Adquirir derechos.
c) Interponer recursos.
d) Formular solicitudes.

9. Si durante la instrucción de un procedimiento, se advierte la existencia de personas que sean titulares de derechos o intereses legítimos y directos cuya identificación resulte del expediente y que puedan resultar afectados por la resolución que se dicte:

a) Se comunicará a dichas personas la tramitación del procedimiento cuando así lo solicite el interesado que inició el procedimiento.
b) Se publicará por edictos.
c) Se comunicará a dichas personas la tramitación del procedimiento cuando este no haya tenido publicidad.
d) No se comunicará, salvo que se presenten en forma legal en el procedimiento.

10. Con carácter general, para realizar cualquier actuación prevista en el procedimiento administrativo, será suficiente con que los interesados acrediten previamente su identidad a través de cualquiera de los medios de identificación previstos en la Ley 39/2015, de 1 de octubre. Las Administraciones Públicas NO requerirán a los interesados el uso obligatorio de firma para:

a) Identificar a las autoridades y al personal al servicio de las Administraciones Públicas bajo cuya responsabilidad se tramiten los procedimientos.
b) Desistir de acciones.
c) Presentar declaraciones responsables o comunicaciones.
d) Formular solicitudes.

11. En relación con la asistencia en el uso de medios electrónicos a los interesados, el art. 12.2 de la Ley 39/2015, de 1 de octubre, dispone que las Administraciones Públicas asistirán en el uso de medios electrónicos:

a) A quienes ejerzan una actividad profesional para la que se requiera colegiación obligatoria, para los trámites y actuaciones que realicen con las Administraciones Públicas en ejercicio de dicha actividad profesional.
b) A ciertos colectivos de personas físicas que por razón de su capacidad económica, técnica, dedicación profesional u otros motivos quede acreditado que tienen acceso y disponibilidad de los medios electrónicos necesarios.
c) A los empleados de las Administraciones Públicas para los trámites y actuaciones que realicen con ellas por razón de su condición de empleado público.

d) A los interesados no incluidos en los apartados 2 y 3 del artículo 14 de la Ley 39/2015, de 1 de octubre, que así lo soliciten, especialmente en lo referente a la identificación y firma electrónica, presentación de solicitudes a través del registro electrónico general y obtención de copias auténticas.

12. Si algunos de los interesados no dispone de los medios electrónicos necesarios, su identificación o firma electrónica en el procedimiento administrativo podrá ser válidamente realizada por un funcionario público mediante el uso del sistema de firma electrónica del que esté dotado para ello. En este caso:

a) Será necesario que el interesado que carezca de los medios electrónicos necesarios se identifique ante el funcionario.

b) Será necesario que el interesado que carezca de los medios electrónicos necesarios se identifique ante el funcionario y preste su consentimiento expreso para esta actuación.

c) Será necesario que el interesado que carezca de los medios electrónicos necesarios se identifique ante el funcionario y preste su consentimiento expreso para esta actuación, de lo que deberá quedar constancia para los casos de discrepancia.

d) Será necesario que el interesado que carezca de los medios electrónicos necesarios se identifique ante el funcionario y preste su consentimiento expreso para esta actuación, de lo que deberá quedar constancia para los casos de discrepancia o litigio.

13. Señala uno de los derechos que la Ley 39/2015, de 1 de octubre, del Procedimiento Administrativo Común de las Administraciones Públicas, reconoce a quienes tengan capacidad de obrar ante las Administraciones Públicas:

a) A la obtención y utilización de los medios de identificación y firma electrónica contemplados en la Ley 39/2015, de 1 de octubre.

b) A la protección de datos de carácter personal, y en particular a la seguridad y confidencialidad de los datos que figuren en los ficheros, sistemas y aplicaciones de las Administraciones Públicas.

c) A ser asistidos en el uso de medios electrónicos en sus relaciones con las Administraciones Públicas.

d) Todas las respuestas son correctas.

14. La Ley 39/2015, de 1 de octubre, del Procedimiento Administrativo Común de las Administraciones Públicas, reconoce a quienes tengan capacidad de obrar ante las Administraciones Públicas el derecho a comunicarse con las Administraciones Públicas a través de:

a) Un Punto de Acceso Rápido Telemático.

b) Un Punto Electrónico Central.

c) Un Punto Único Electrónico de contacto.

d) Un Punto de Acceso General electrónico de la Administración.

15. A menos que la naturaleza del documento exija otra forma más adecuada de expresión y constancia, las Administraciones Públicas deberán emitir los documentos administrativos:

a) Preferiblemente de forma verbal.

b) Por escrito, a través de medios electrónicos.

c) Verbal o en su defecto por escrito.

d) De cualquier forma que deje constancia de su recepción.

16. Indica cuál de los siguientes documentos electrónicos emitidos por las Administraciones Públicas no requieren de firma electrónica, aunque sí precisan identificar su origen:

a) Los documentos que formen parte de un expediente administrativo.

b) Los documentos que se publiquen con carácter sancionador.

c) Los documentos que se publiquen con carácter meramente informativo.

d) Todos los documentos electrónicos emitidos por una Administración Pública requieren de firma electrónica.

17. ¿Cuándo podrán los interesados solicitar la expedición de copias auténticas de los documentos públicos administrativos que hayan sido válidamente emitidos por las Administraciones Públicas?

a) Únicamente en la fase de audiencia.

b) Solo en la fase de prueba.

c) Siempre antes de la resolución del expediente administrativo.

d) En cualquier momento.

18. La solicitud de copias auténticas de los documentos públicos administrativos que hayan sido válidamente emitidos por las Administraciones Públicas se dirigirá al órgano que emitió el documento original, debiendo expedirse, salvo las excepciones derivadas de la aplicación de la Ley 19/2013, de 9 de diciembre, en el plazo de:

a) Un mes a contar desde la recepción de la solicitud en el registro electrónico de la Administración u Organismo competente.

b) Veinte días a contar desde la recepción de la solicitud en el registro electrónico de la Administración u Organismo competente.

c) Quince días a contar desde la recepción de la solicitud en el registro electrónico de la Administración u Organismo competente.

d) Diez días a contar desde la recepción de la solicitud en el registro electrónico de la Administración u Organismo competente.

19. Los documentos que los interesados dirijan a los órganos de las Administraciones Públicas podrán presentarse:

a) En las oficinas de Correos, en la forma que reglamentariamente se establezca.

b) En las representaciones diplomáticas u oficinas consulares de España en el extranjero.

c) En las oficinas de asistencia en materia de registros.

d) Todas las respuestas son correctas.

20. Señala la respuesta incorrecta respecto a la comparecencia de las personas:

a) La comparecencia de las personas ante las oficinas públicas, ya sea presencialmente o por medios electrónicos, solo será obligatoria cuando así esté previsto mediante Reglamento.

b) En los casos en que proceda la comparecencia, la correspondiente citación hará constar expresamente el lugar, fecha, hora, los medios disponibles y objeto de la comparecencia, así como los efectos de no atenderla.

c) Las Administraciones Públicas entregarán al interesado certificación acreditativa de la comparecencia cuando así lo solicite.

d) Todas las respuestas son incorrectas.

21. Señala la respuesta incorrecta:

a) Estarán obligados a relacionarse a través de medios electrónicos con las Administraciones Públicas para la realización de cualquier trámite de un procedimiento administrativo los notarios y registradores de la propiedad y mercantiles.

b) En los procedimientos tramitados por las Administraciones de las Comunidades Autónomas y de las Entidades Locales, el uso de la lengua se ajustará a lo previsto en la legislación nacional.

c) Cada Administración dispondrá de un Registro Electrónico General, en el que se hará el correspondiente asiento de todo documento que sea presentado o que se reciba en cualquier órgano administrativo, organismo público o entidad vinculado o dependiente a estos.

d) Las personas físicas podrán elegir en todo momento si se comunican con las Administraciones Públicas para el ejercicio de sus derechos y obligaciones a través de medios electrónicos o no, salvo que estén obligadas a relacionarse a través de medios electrónicos con las Administraciones Públicas.

22. ¿Quién puede obtener copias de documentos contenidos en un procedimiento que se esté tramitando?

a) Solo los interesados en él.

b) Cualquier ciudadano.

c) Nadie.

d) Solo otro órgano administrativo.

23. Si un interesado de una Comunidad Autónoma con lengua oficial específica se dirige a un órgano de la Administración General del Estado sito en su Comunidad, ha de hacerlo en:

a) Castellano necesariamente.

b) Su lengua oficial exclusivamente.

c) Cualquiera de las dos anteriores, a su opción.

d) La que se le indique por la citada Administración.

24. Los interesados en un procedimiento que conozcan datos que permitan identificar a otros interesados que no hayan comparecido en él:

a) Tienen el deber de proporcionárselos a la Administración actuante.

b) Pueden proporcionárselos a la Administración actuante, cuando lo estimen conveniente.

c) No tienen por qué aportarlos al procedimiento.

d) Solo tienen obligación de aportarlos cuando les proporcione un beneficio.

25. El plazo máximo en el que debe notificarse la resolución expresa será el fijado por la norma reguladora del correspondiente procedimiento. Este plazo, salvo que una norma con rango de ley establezca uno mayor o así venga previsto en el Derecho de la Unión Europea, no podrá exceder de:

a) Veinte días.

b) Un mes.

c) Tres meses.

d) Seis meses.

26. El transcurso del plazo máximo legal para resolver un procedimiento y notificar la resolución se podrá suspender:

a) Cuando deba obtenerse un pronunciamiento previo y preceptivo de un órgano de la Unión Europea, por el tiempo que medie entre la petición, que habrá de comunicarse a los interesados, y la notificación del pronunciamiento a la Administración instructora, que también deberá serles comunicada.

b) Cuando deban realizarse pruebas técnicas o análisis contradictorios o dirimentes propuestos por los interesados, durante el tiempo necesario para la incorporación de los resultados al expediente.

c) Cuando exista un procedimiento no finalizado en el ámbito de la Unión Europea que condicione directamente el contenido de la resolución de que se trate, desde que se tenga constancia de su existencia, lo que deberá ser comunicado a los interesados, hasta que se resuelva, lo que también habrá de ser notificado.

d) Todas las respuestas son correctas.

27. ¿Qué recurso cabe contra el acuerdo que resuelva sobre la ampliación de plazos?

a) Recurso de alzada.

b) Recurso extraordinario de revisión.

c) Recurso de reposición, en el plazo de un mes.

d) Ningún recurso.

28. Señala la respuesta correcta respecto al cómputo de plazos:

a) Salvo que por ley o en el Derecho de la Unión Europea se disponga otro cómputo, cuando los plazos se señalen por horas, se entiende que estas son naturales.

b) Siempre que por ley o en el Derecho de la Unión Europea no se exprese otro cómputo, cuando los plazos se señalen por días, se entiende que estos son naturales, incluyéndose en el cómputo los sábados, los domingos y los declarados festivos.

c) Los plazos expresados en días se contarán desde el mismo día en que tenga lugar la notificación o publicación del acto de que se trate, o desde el siguiente a aquel en que se produzca la estimación o la desestimación por silencio administrativo.

d) Cuando un día fuese hábil en el municipio o Comunidad Autónoma en que residiese el interesado, e inhábil en la sede del órgano administrativo, o a la inversa, se considerará inhábil en todo caso.

29. Señala la respuesta incorrecta respecto al cómputo de los plazos:

a) Cuando los plazos se hayan señalado por días naturales por declararlo así una ley o por el Derecho de la Unión Europea, se hará constar esta circunstancia en las correspondientes notificaciones.

b) Cuando el último día del plazo sea inhábil, se entenderá prorrogado al primer día hábil siguiente.

c) Los plazos expresados por horas se contarán de hora en hora y de minuto en minuto desde la hora y minuto en que tenga lugar la notificación o publicación del acto de que se trate y no podrán tener una duración superior a veinticuatro horas, en cuyo caso se expresarán en días.

d) La declaración de un día como hábil o inhábil a efectos de cómputo de plazos determina por sí sola el funcionamiento de los centros de trabajo de las Administraciones Públicas, la organización del tiempo de trabajo así como el régimen de jornada y horarios de las mismas.

30. El registro electrónico permite la presentación de documentos:

a) De lunes a viernes de 8 a 15 horas.
b) De lunes a viernes de 8 a 21 horas.
c) Todos los días del año de 8 a 21 horas.
d) Todos los días del año durante las veinticuatro horas.

31. ¿En qué caso podrá ser objeto de ampliación un plazo ya vencido?

a) En los procedimientos tramitados por las misiones diplomáticas y oficinas consulares.
b) En aquellos que, sustanciándose en el interior, exijan cumplimentar algún trámite en el extranjero o en los que intervengan interesados residentes fuera de España.
c) Siempre que así lo considere oportuno, y lo fundamente, el Instructor del procedimiento.
d) En ningún caso.

32. Cuando razones de interés público lo aconsejen, se podrá acordar, de oficio o a petición del interesado, la aplicación al procedimiento de la tramitación de urgencia, por la cual se reducirán a la mitad los plazos establecidos para el procedimiento ordinario, salvo:

a) Los relativos a la presentación de solicitudes.
b) Los relativos a la presentación de recursos.
c) Las respuestas a) y b) son correctas.
d) Ninguna respuesta es correcta.

33. Serán motivados, con sucinta referencia de hechos y fundamentos de derecho:

a) Los actos que se separen del criterio seguido en actuaciones precedentes o del dictamen de órganos consultivos.
b) Los actos que limiten derechos subjetivos o intereses legítimos
c) Los actos que resuelvan procedimientos de revisión de oficio de disposiciones o actos administrativos, recursos administrativos y procedimientos de arbitraje y los que declaren su inadmisión.
d) Todas las respuestas son correctas.

34. ¿Cuándo se hará la notificación por medio de un anuncio publicado en el Boletín Oficial del Estado?

a) Cuando se ignore el lugar de la notificación.
b) Cuando los interesados en un procedimiento sean conocidos.
c) Cuando intentada la notificación no se hubiera podido practicar.
d) Las respuestas a) y c) son correctas.

35. El contenido de un acto administrativo ha de ser:

a) Ilícito y determinado.
b) Posible y lícito.
c) Determinado o determinable e ilícito.
d) Imposible y lícito.

36. Los actos deben motivarse:

a) Siempre.
b) Nunca.
c) Cuando decidan un procedimiento.
d) Cuando la ley lo prescriba.

37. No tienen por qué motivarse los actos que:

a) Resuelvan recursos.
b) Limiten derechos subjetivos.

c) Se separen del dictamen de órganos consultivos.
d) Todos los anteriores deben motivarse.

38. En la notificación de todo acto administrativo no es necesario que conste siempre:

a) Su texto íntegro.
b) Los recursos que contra el mismo procedan.
c) Los motivos en que se basa la decisión.
d) El plazo de interposición de los recursos.

39. Para que un acto tenga eficacia retroactiva es necesario que:

a) Limite derechos de los particulares.
b) Restrinja el ejercicio de facultades de los particulares.
c) Imponga deberes u obligaciones.
d) No se lesionen derechos de otras personas.

40. Cuando la notificación se practique en el domicilio del interesado, de no hallarse presente, podrá hacerse cargo de la misma cualquier persona que se encuentre en el domicilio, haga constar su identidad y sea:

a) Mayor de catorce años.
b) Mayor de dieciséis años.
c) Mayor de dieciocho años.
d) Mayor de veintiún años.

41. Cuando la notificación por medios electrónicos sea de carácter obligatorio, se entenderá rechazada cuando:

a) Hayan transcurrido veinte días naturales desde la puesta a disposición de la notificación sin que se acceda a su contenido.
b) Hayan transcurrido diez días naturales desde la puesta a disposición de la notificación sin que se acceda a su contenido.
c) Hayan transcurrido diez días hábiles desde la puesta a disposición de la notificación sin que se acceda a su contenido.
d) Hayan transcurrido veinte días hábiles desde la puesta a disposición de la notificación sin que se acceda a su contenido.

42. Señala la respuesta incorrecta. Los actos administrativos serán objeto de publicación:

a) Cuando así lo establezcan las normas reguladoras de cada procedimiento.
b) Cuando lo aconsejen razones de interés público apreciadas por el órgano competente.

c) Cuando el acto tenga por destinatario a una pluralidad indeterminada de personas.
d) Siempre.

43. La compulsión sobre las personas:

a) Deriva de la propia esencia del acto administrativo.
b) Deriva del principio de ejecutividad de los actos administrativos.
c) Deriva de la posibilidad en manos de la Administración Pública de ejecutar forzosamente algunos actos administrativos.
d) Es similar al lanzamiento administrativo.

44. Entre los medios de ejecución forzosa no se encuentra el/la:

a) Desahucio administrativo.
b) Ejecución subsidiaria.
c) Multa coercitiva.
d) Compulsión sobre la persona.

45. La regla general cuando un acto infringe el ordenamiento jurídico es:

a) Su anulabilidad.
b) Su validez temporal.
c) Su nulidad relativa.
d) Las respuestas a) y c) son correctas.

46. Los efectos de una declaración de nulidad absoluta se producen desde:

a) Que se notifica el acto anulatorio.
b) El momento de la declaración de la nulidad.
c) La notificación o publicación del acto anulatorio, según los casos.
d) Que se dictó el acto anulado.

47. ¿Cuándo podrá la Administración Pública convalidar un acto administrativo?

a) Cuando el vicio consiste en incompetencia jerárquica.
b) Cuando el vicio consiste en incompetencia funcional.
c) Cuando el vicio consiste en incompetencia territorial.
d) En ninguno de los anteriores casos.

48. La presunción de legitimidad de los actos administrativos:

a) No admite prueba en contrario.
b) Dependerá de lo que el propio acto establezca.
c) Puede ser objeto de impugnación por el particular.
d) Solo se da cuando la ley expresamente lo diga.

49. Los supuestos de nulidad absoluta de actos administrativos:

a) Son la regla general en nuestro Derecho.
b) Son los recogidos en el artículo 47 de la Ley 39/2015, de 1 de octubre, del Procedimiento Administrativo Común de las Administraciones Públicas, exclusivamente.
c) Pueden establecerse expresamente por una disposición con rango de ley.
d) Son solo los del artículo 47 citado y de otras leyes formales.

50. Los defectos formales en un acto, según reconoce expresamente la ley:

a) Lo vician con nulidad absoluta.
b) Lo vician con anulabilidad en todo caso.
c) Pueden dar lugar a la nulidad absoluta si producen indefensión.
d) Pueden dar lugar a la anulabilidad si producen indefensión.

51. La Administración Pública podrá convalidar un acto:

a) Si el vicio consiste en incompetencia jerárquica.
b) Si el vicio consiste en incompetencia funcional.
c) Si el vicio consiste en incompetencia territorial.
d) En ninguno de los anteriores casos.

52. La Administración Pública no podrá convalidar un acto si el vicio consiste en:

a) Incompetencia jerárquica.
b) La falta de una autorización.
c) Incompetencia funcional.
d) La omisión de un informe facultativo.

53. Cuando el acto administrativo presenta un vicio que no le hace incurrir en nulidad absoluta ni en anulabilidad, se considera:

a) Irregular.
b) Defectuoso.
c) Inválido.
d) Viciado.

54. La conversión se aplica a los actos:

a) Nulos.
b) Nulos de pleno derecho.
c) Anulables.
d) No cabe la conversión de actos administrativos.

55. Señala qué recurso cabe contra el acuerdo de acumulación de procedimientos administrativos:

a) Recurso de alzada.
b) Recurso extraordinario de revisión.
c) Recurso de reposición, en el plazo de un mes.
d) Ninguno de los recursos anteriores.

56. ¿Cuándo se iniciarán de oficio los procedimientos?

a) Por denuncia.
b) Por acuerdo del órgano competente.
c) Por propia iniciativa.
d) Todas las respuestas son correctas.

57. Señala la respuesta incorrecta respecto al inicio del procedimiento por denuncia:

a) Las denuncias deberán expresar la identidad de la persona o personas que las presentan y el relato de los hechos que se ponen en conocimiento de la Administración.
b) La presentación de una denuncia confiere, por sí sola, la condición de interesado en el procedimiento.
c) Cuando la denuncia invocara un perjuicio en el patrimonio de las Administraciones Públicas la no iniciación del procedimiento deberá ser motivada y se notificará a los denunciantes la decisión de si se ha iniciado o no el procedimiento.
d) Se entiende por denuncia el acto por el que cualquier persona, en cumplimiento o no de una obligación legal, pone en conocimiento de un órgano administrativo la existencia de un determinado hecho que pudiera justificar la iniciación de oficio de un procedimiento administrativo.

58. ¿En qué caso se podrá imponer una sanción sin que se haya tramitado el oportuno procedimiento?

a) En casos de urgente necesidad.
b) En situaciones excepcionales, como por ejemplo, situaciones de crisis sanitarias o epidemias.
c) Las respuestas a) y b) son correctas.
d) En ningún caso.

59. ¿Cuál de los siguientes datos no es necesario que figure en las solicitudes de iniciación del procedimiento por parte de los interesados?

a) Número de teléfono.
b) Hechos, razones y petición en que se concrete, con toda claridad, la solicitud.
c) Órgano, centro o unidad administrativa a la que se dirige y su correspondiente código de identificación.
d) Firma del solicitante o acreditación de la autenticidad de su voluntad expresada por cualquier medio.

60. Los documentos que los interesados dirijan a los órganos de las Administraciones Públicas podrán presentarse:

a) En las oficinas de Correos, en la forma que reglamentariamente se establezca.
b) En el registro electrónico de la Administración u Organismo al que se dirijan.
c) En las representaciones diplomáticas u oficinas consulares de España en el extranjero.
d) Todas las respuestas son correctas.

61. Los interesados solo podrán solicitar el inicio de un procedimiento de responsabilidad patrimonial, cuando no haya prescrito su derecho a reclamar. El derecho a reclamar prescribirá:

a) Al año de producido el hecho o el acto que motive la indemnización o se manifieste su efecto lesivo.
b) A los dos años de producido el hecho o el acto que motive la indemnización o se manifieste su efecto lesivo.
c) A los cinco años de producido el hecho o el acto que motive la indemnización o se manifieste su efecto lesivo.
d) Este derecho no prescribe.

62. ¿De acuerdo con qué principio se acordarán en un solo acto todos los trámites que, por su naturaleza, admitan un impulso simultáneo y no sea obligado su cumplimiento sucesivo?

a) Con el principio de oficialidad.
b) Con el principio de eficacia.
c) Con el principio de simplificación administrativa.
d) Con el principio de rapidez administrativa.

63. Salvo en el caso de que en la norma correspondiente se fije plazo distinto, los trámites que deban ser cumplimentados por los interesados deberán realizarse en el plazo de:

a) Siete días a partir del siguiente al de la notificación del correspondiente acto.
b) Diez días a partir del siguiente al de la notificación del correspondiente acto.
c) Quince días a partir del siguiente al de la notificación del correspondiente acto.
d) Un mes a partir del siguiente al de la notificación del correspondiente acto.

64. En cualquier momento del procedimiento, cuando la Administración considere que alguno de los actos de los interesados no reúne los requisitos necesarios, lo pondrá en conocimiento de su autor, concediéndole un plazo para cumplimentarlo:

a) De cinco días.
b) De siete días.
c) De diez días.
d) De veinte días.

65. Cuando la Administración no tenga por ciertos los hechos alegados por los interesados o la naturaleza del procedimiento lo exija, el instructor del mismo acordará la apertura de un período de prueba, a fin de que puedan practicarse cuantas juzgue pertinentes, por un plazo:

a) No superior a treinta días ni inferior a diez.
b) No superior a treinta días ni inferior a quince.
c) No superior a veinte días ni inferior a diez.
d) No superior a veinte días ni inferior a cinco.

66. Salvo disposición expresa en contrario, los informes serán:

a) Vinculantes.
b) Vinculantes y facultativos.
c) Facultativos y no vinculantes.
d) Nunca facultativos.

67. En el caso de los procedimientos de responsabilidad patrimonial será preceptivo solicitar informe al servicio cuyo funcionamiento haya ocasionado la presunta lesión indemnizable, no pudiendo exceder el plazo de su emisión de:

a) Diez días.
b) Quince días.
c) Veinte días.
d) Un mes.

68. ¿Cómo se denomina el conjunto ordenado de documentos y actuaciones que sirven de antecedente y fundamento a la resolución administrativa, así como las diligencias encaminadas a ejecutarla?

a) Dosier administrativo.
b) Acto administrativo.
c) Expediente administrativo.
d) Procedimiento administrativo.

69. Con arreglo al artículo 74 LPACAP, las cuestiones incidentales que se susciten en el procedimiento, incluso las que se refieran a la nulidad de actuaciones:

a) Suspenderán la tramitación del procedimiento.
b) No suspenderán la tramitación del procedimiento, salvo la recusación.
c) No suspenderán la tramitación del procedimiento en ningún caso.
d) Siempre que lo estime oportuno el instructor del procedimiento, y así lo motive suficientemente, suspenderá la tramitación del procedimiento.

70. ¿Cuándo podrán los interesados aducir alegaciones y aportar documentos u otros elementos de juicio?

a) En cualquier momento.
b) En cualquier momento del procedimiento posterior al trámite de audiencia.
c) En cualquier momento del procedimiento anterior al trámite de audiencia.
d) Únicamente cuando lo autorice el instructor del procedimiento.

71. Señala la respuesta incorrecta respecto a los medios y período de prueba:

a) El instructor del procedimiento solo podrá rechazar las pruebas propuestas por los interesados cuando sean manifiestamente improcedentes o innecesarias, sin necesidad de resolución motivada.
b) En los procedimientos de carácter sancionador, los hechos declarados probados por resoluciones judiciales penales firmes vincularán a las Administraciones Públicas respecto de los procedimientos sancionadores que substancien.
c) Cuando la prueba consista en la emisión de un informe de un órgano administrativo, organismo público o Entidad de derecho público, se entenderá que este tiene carácter preceptivo.
d) Cuando la valoración de las pruebas practicadas pueda constituir el fundamento básico de la decisión que se adopte en el procedimiento, por ser pieza imprescindible para la correcta evaluación de los hechos, deberá incluirse en la propuesta de resolución.

72. Cuando lo considere necesario, el instructor, a petición de los interesados, podrá decidir la apertura de un período extraordinario de prueba por un plazo:

a) No superior a diez días.
b) No superior a quince días.
c) No superior a veinte días.
d) No superior a un mes.

73. Salvo que una disposición o el cumplimiento del resto de los plazos del procedimiento permita o exija otro plazo mayor o menor, los informes serán emitidos en el plazo de:

a) Diez días.
b) Quince días.
c) Veinte días.
d) Un mes.

74. ¿De qué plazo disponen los interesados para alegar y presentar los documentos y justificaciones que estimen pertinentes?

a) De un plazo no inferior a cinco días ni superior a diez.
b) De un plazo no inferior a diez días ni superior a quince.
c) De un plazo no inferior a diez días ni superior a veinte.
d) De un plazo no inferior a diez días ni superior a un mes.

75. ¿En qué plazo deberán practicarse las actuaciones complementarias?

a) En un plazo no superior a siete días.
b) En un plazo no superior a diez días.
c) En un plazo no superior a quince días.
d) En un plazo no superior a un mes.

76. ¿Transcurrido qué plazo desde que se inició el procedimiento sin que haya recaído y se notifique resolución expresa o, en su caso, se haya formalizado el acuerdo, podrá entenderse que la resolución es contraria a la indemnización del particular?

a) Transcurrido un mes.
b) Transcurridos tres meses.
c) Transcurridos seis meses.
d) Transcurrido un año.

77. A tenor del artículo 92 LPACAP, en el ámbito de la Administración General del Estado, los procedimientos de responsabilidad patrimonial se resolverán por:

a) El Ministro respectivo.
b) El Presidente del Gobierno.
c) El Consejo de Ministros.
d) Las respuestas a) y c) son correctas.

78. Señala la respuesta incorrecta respecto al desistimiento y renuncia por los interesados:

a) Si el escrito de iniciación se hubiera formulado por dos o más interesados, el desistimiento o la renuncia afectará a todos los que la hubiesen formulado.
b) Todo interesado podrá desistir de su solicitud o, cuando ello no esté prohibido por el ordenamiento jurídico, renunciar a sus derechos.
c) Si la cuestión suscitada por la incoación del procedimiento entrañase interés general o fuera conveniente sustanciarla para su definición y esclarecimiento, la Administración podrá limitar los efectos del desistimiento o la renuncia al interesado y seguirá el procedimiento.
d) Tanto el desistimiento como la renuncia podrán hacerse por cualquier medio que permita su constancia, siempre que incorpore las firmas que correspondan de acuerdo con lo previsto en la normativa aplicable.

79. La Administración aceptará de plano el desistimiento o la renuncia, y declarará concluso el procedimiento salvo que, habiéndose personado en el mismo terceros interesados, instasen estos su continuación en el plazo de:

a) Un mes desde que fueron notificados del desistimiento o renuncia.
b) Veinte días desde que fueron notificados del desistimiento o renuncia.

c) Quince días desde que fueron notificados del desistimiento o renuncia.

d) Diez días desde que fueron notificados del desistimiento o renuncia.

80. El recurso de alzada contra actos que no agotan la vía administrativa es:

a) Extraordinario.

b) La regla general.

c) Especial.

d) Inexistente.

81. El recurso de alzada se presentará:

a) Ante el superior jerárquico del órgano que dictó el acto.

b) Ante el Tribunal contencioso competente.

c) Ante el órgano que dictó el acto.

d) Indistintamente, ante el órgano que dictó el acto o el superior jerárquico que deba decidirlo.

82. El recurso extraordinario de revisión por manifiesto error de hecho, que resulte de los propios documentos incorporados al expediente, debe plantearse:

a) A los tres meses desde que se produjo.

b) A los cuatro años desde que se conoció.

c) Dentro de los cuatro años desde la notificación del acto.

d) No puede darse nunca aisladamente.

83. La *reformatio in peius*, en materia de recursos:

a) Se admite como regla general.

b) Solo se permite en materia sancionadora.

c) Se admite cuando el recurso está claramente infundado.

d) Está expresamente prohibida.

84. Cuando hayan de tenerse en cuenta nuevos hechos o documentos no recogidos en el expediente originario, se pondrán de manifiesto a los interesados para que formulen las alegaciones que estimen procedentes, en un plazo:

a) No inferior a diez días ni superior a quince.

b) De veinte días.

c) No inferior a cinco días ni superior a veinte.

d) De treinta días.

85. ¿Contra qué actos se interpone el recurso extraordinario de revisión?

a) Contra cualquier acto administrativo.

b) Contra los actos que no agotan la vía administrativa.

c) Contra los actos que agotan la vía administrativa.
d) Contra los actos firmes exclusivamente.

86. La resolución de un recurso:

a) Debe circunscribirse a lo solicitado por el recurrente.
b) Resolverá cuantas cuestiones se deduzcan del expediente.
c) No es necesario que se motive.
d) Debe aceptar las razones en que se fundamente el propio recurso.

87. ¿Cuándo se dará la terminación presunta del recurso extraordinario de revisión?

a) A los tres meses de su interposición.
b) Al mes de su interposición.
c) Únicamente en el supuesto de que se base en manifiesto error de derecho.
d) No cabe.

88. Si el acto fuera expreso, el plazo para la interposición del recurso de reposición será de:

a) Tres meses.
b) Diez días.
c) Quince días.
d) Un mes.

89. El recurso de reposición contra actos que no agotan la vía administrativa es:

a) Ordinario.
b) Extraordinario.
c) Especial.
d) Inexistente.

90. El recurso de alzada se presentará:

a) Ante el superior jerárquico del órgano que dictó el acto.
b) Ante el Tribunal contencioso competente.
c) Ante el órgano que dictó el acto.
d) Indistintamente, ante el órgano que dictó el acto o el superior jerárquico que deba decidirlo.

91. La resolución presunta del recurso de alzada se dará, si no recae resolución, al/a los:

a) Quince días de interponerlo.
b) Mes de su interposición.

c) Tres meses de su interposición.

d) En cualquier momento a partir del día siguiente a aquel en que, de acuerdo con su normativa específica, se produzcan los efectos del silencio administrativo.

92. El silencio administrativo en el recurso de alzada puede ser positivo en el siguiente caso:

a) Cuando el recurso se presentó contra un acto presunto desestimatorio de la solicitud del ciudadano.

b) Cuando perjudique al ciudadano.

c) Siempre que beneficie al interés público.

d) En ningún supuesto es positivo.

93. El recurso extraordinario de revisión por manifiesto error de hecho debe plantearse:

a) A los tres meses desde que se produjo.

b) A los cuatro años desde que se conoció.

c) Dentro de los cuatro años desde la notificación del acto.

d) No puede darse nunca aisladamente.

94. Se han reinstaurado las reclamaciones económico-administrativas, como recurso administrativo propio, en los/las:

a) Corporaciones Locales en general.

b) Municipios de régimen común.

c) Municipios de gran población.

d) Diputaciones Provinciales cuando gestionen los tributos de los Municipios de la Provincia.

95. Para plantear un recurso administrativo:

a) Hay que tener capacidad jurídica, sin requerirse la capacidad de obrar.

b) Basta con la capacidad de obrar.

c) Se requiere, siempre, ser titular de un derecho subjetivo afectado por el acto que se recurre.

d) Puede hacerlo quien ostente la condición de interesado.

Solución al test n.º 5

1. b) El apoderamiento *apud acta*, presencial o electrónico.

2. d) No requerir documentos ya aportados por los interesados, elaborados por las Administraciones Públicas o documentos originales.

3. b) Depende de los casos.

4. d) Diez días, o de un plazo superior cuando las circunstancias del caso así lo requieran.

5. b) Cinco años a contar desde la fecha de inscripción.

6. b) Cuando en una solicitud, escrito o comunicación figuren varios interesados, las actuaciones a que den lugar se efectuarán con el representante o el interesado que expresamente hayan señalado, y, en su defecto, con cualquiera de los demás.

7. b) Capacidad de obrar.

8. b) Adquirir derechos.

9. c) Se comunicará a dichas personas la tramitación del procedimiento cuando este no haya tenido publicidad.

10. a) Identificar a las autoridades y al personal al servicio de las Administraciones Públicas bajo cuya responsabilidad se tramiten los procedimientos.

11. d) A los interesados no incluidos en los apartados 2 y 3 del artículo 14 de la Ley 39/2015, de 1 de octubre, que así lo soliciten, especialmente en lo referente a la identificación y firma electrónica, presentación de solicitudes a través del registro electrónico general y obtención de copias auténticas.

12. d) Será necesario que el interesado que carezca de los medios electrónicos necesarios se identifique ante el funcionario y preste su consentimiento expreso para esta actuación, de lo que deberá quedar constancia para los casos de discrepancia o litigio.

13. d) Todas las respuestas son correctas.

14. d) Un Punto de Acceso General electrónico de la Administración.

15. b) Por escrito, a través de medios electrónicos.

16. c) Los documentos que se publiquen con carácter meramente informativo.

17. d) En cualquier momento.

18. c) Quince días a contar desde la recepción de la solicitud en el registro electrónico de la Administración u Organismo competente.

19. d) Todas las respuestas son correctas.

20. a) La comparecencia de las personas ante las oficinas públicas, ya sea presencialmente o por medios electrónicos, solo será obligatoria cuando así esté previsto mediante Reglamento.

21. b) En los procedimientos tramitados por las Administraciones de las Comunidades Autónomas y de las Entidades Locales, el uso de la lengua se ajustará a lo previsto en la legislación nacional.

22. a) Solo los interesados en él.

23. c) Cualquiera de las dos anteriores, a su opción.

24. a) Tienen el deber de proporcionárselos a la Administración actuante.

25. d) Seis meses.

26. d) Todas las respuestas son correctas.

27. d) Ningún recurso.

28. d) Cuando un día fuese hábil en el municipio o Comunidad Autónoma en que residiese el interesado, e inhábil en la sede del órgano administrativo, o a la inversa, se considerará inhábil en todo caso.

29. d) La declaración de un día como hábil o inhábil a efectos de cómputo de plazos determina por sí sola el funcionamiento de los centros de trabajo de las Administraciones Públicas, la organización del tiempo de trabajo así como el régimen de jornada y horarios de las mismas.

30. d) Todos los días del año durante las veinticuatro horas.

31. d) En ningún caso.

32. c) Las respuestas a) y b) son correctas.

33. d) Todas las respuestas son correctas.

34. d) Las respuestas a) y c) son correctas.

35. b) Posible y lícito.

36. d) Cuando la ley lo prescriba.

37. d) Todos los anteriores deben motivarse.

38. c) Los motivos en que se basa la decisión.

39. d) No se lesionen derechos de otras personas.

40. a) Mayor de catorce años.

41. b) Hayan transcurrido diez días naturales desde la puesta a disposición de la notificación sin que se acceda a su contenido.

42. d) Siempre.

43. c) Deriva de la posibilidad en manos de la Administración Pública de ejecutar forzosamente algunos actos administrativos.

44. a) Desahucio administrativo.

45. d) Las respuestas a) y c) son correctas.

46. d) Que se dictó el acto anulado.

47. a) Cuando el vicio consiste en incompetencia jerárquica.

48. c) Puede ser objeto de impugnación por el particular.

49. c) Pueden establecerse expresamente por una disposición con rango de ley.

50. d) Pueden dar lugar a la anulabilidad si producen indefensión.

51. a) Si el vicio consiste en incompetencia jerárquica.

52. c) Incompetencia funcional.

53. a) Irregular.

54. c) Anulables.

55. d) Ninguno de los recursos anteriores.

56. d) Todas las respuestas son correctas.

57. b) La presentación de una denuncia confiere, por sí sola, la condición de interesado en el procedimiento.

58. d) En ningún caso.

59. a) Número de teléfono.

60. d) Todas las respuestas son correctas.

61. a) Al año de producido el hecho o el acto que motive la indemnización o se manifieste su efecto lesivo.

62. c) Con el principio de simplificación administrativa.

63. b) Diez días a partir del siguiente al de la notificación del correspondiente acto.

64. c) De diez días.

65. a) No superior a treinta días ni inferior a diez.

66. c) Facultativos y no vinculantes.

67. a) Diez días.

68. c) Expediente administrativo.

69. b) No suspenderán la tramitación del procedimiento, salvo la recusación.

70. c) En cualquier momento del procedimiento anterior al trámite de audiencia.

71. a) El instructor del procedimiento solo podrá rechazar las pruebas propuestas por los interesados cuando sean manifiestamente improcedentes o innecesarias, sin necesidad de resolución motivada.

72. a) No superior a diez días.

73. a) Diez días.

74. b) De un plazo no inferior a diez días ni superior a quince.

75. c) En un plazo no superior a quince días.

76. c) Transcurridos seis meses.

77. d) Las respuestas a) y c) son correctas.

78. a) Si el escrito de iniciación se hubiera formulado por dos o más interesados, el desistimiento o la renuncia afectará a todos los que la hubiesen formulado.

79. d) Diez días desde que fueron notificados del desistimiento o renuncia.

80. b) La regla general.

81. d) Indistintamente, ante el órgano que dictó el acto o el superior jerárquico que deba decidirlo.

82. c) Dentro de los cuatro años desde la notificación del acto.

83. d) Está expresamente prohibida.

84. a) No inferior a diez días ni superior a quince.

85. d) Contra los actos firmes exclusivamente.

86. b) Resolverá cuantas cuestiones se deduzcan del expediente.

87. a) A los tres meses de su interposición.

88. d) Un mes.

89. d) Inexistente.

90. d) Indistintamente, ante el órgano que dictó el acto o el superior jerárquico que deba decidirlo.

91. c) Tres meses de su interposición.

92. a) Cuando el recurso se presentó contra un acto presunto desestimatorio de la solicitud del ciudadano.

93. c) Dentro de los cuatro años desde la notificación del acto.

94. c) Municipios de gran población.

95. d) Puede hacerlo quien ostente la condición de interesado.

TEST N.º 6

La Ley 40/2015, de 1 de octubre, de Régimen Jurídico del Sector Público: disposiciones generales (Capítulo I del Título Preliminar), de los órganos de las Administraciones Públicas (Capítulo II del Título Preliminar), funcionamiento electrónico del sector público (Capítulo V del Título Preliminar), relaciones interadministrativas (Título III)

1. Según el artículo 3 de la Ley 40/2015, uno de los principios de acuerdo con los que actúa la Administración Pública es el de buena fe, confianza legítima y:

a) Lealtad institucional.
b) Proximidad a los ciudadanos.
c) Servicio efectivo a los ciudadanos.
d) Responsabilidad.

2. Según el artículo 3 de la Ley 40/2015, uno de los principios de acuerdo con los que actúa la Administración Pública es el de simplicidad, claridad y:

a) Economía.
b) Eficacia.
c) Proximidad a los ciudadanos.
d) Racionalización.

3. Según el artículo 3 de la Ley 40/2015, uno de los principios de acuerdo con los que actúa la Administración Pública es el de participación, objetividad y:

a) Transparencia de la actuación administrativa.
b) Evaluación de los resultados.
c) Adecuación estricta de los medios a los fines institucionales.
d) Colaboración.

4. De acuerdo con el artículo 3 de la Ley 40/2015, de 1 de octubre, de Régimen Jurídico del Sector Público, ¿cuáles son los principios de actuación de las Administraciones Públicas?

a) Jerarquía, cooperación, descentralización, desconcentración y colaboración.
b) Eficacia, desconcentración, jerarquía, descentralización y cooperación.
c) Coordinación, descentralización, jerarquía, eficacia y desconcentración.
d) Cooperación, jerarquía, descentralización, eficiencia y servicio a los ciudadanos.

5. ¿Qué principios deberán respetar en su actuación las Administraciones Públicas, conforme al artículo 3 de la Ley 40/2015, de 1 de octubre, de Régimen Jurídico del Sector Público?

a) Los de buena fe y confianza legítima.
b) Los de eficiencia y servicio a los ciudadanos.
c) Participación, objetividad y transparencia de la actuación administrativa.
d) Los de transparencia y participación.

6. ¿Qué principios deberán respetar en sus relaciones las Administraciones Públicas?

a) Buena fe, confianza legítima y lealtad institucional.
b) Los de eficiencia y servicio a los ciudadanos.
c) Los de transparencia y participación.
d) Los de cooperación y colaboración.

7. Las Administraciones Públicas se relacionarán entre sí y con sus órganos, organismos públicos y entidades vinculados o dependientes, conforme al artículo 3.2 de la Ley 40/2015, de 1 de octubre, de Régimen Jurídico del Sector Público:

a) A través de medios electrónicos.
b) A través de medios electrónicos, que aseguren la interoperabilidad y seguridad de los sistemas y soluciones adoptadas por cada una de ellas garantizando la protección de los datos de carácter personal, y facilitando preferentemente la prestación conjunta de servicios a los interesados.
c) Directamente y sin dilación garantizando la protección de los datos de carácter personal, y facilitarán preferentemente la prestación conjunta de servicios a los interesados.
d) Preferentemente a través de medios electrónicos, que aseguren la prestación conjunta de servicios a los interesados.

8. ¿Cuál de las siguientes respuestas es correcta, de acuerdo con lo dispuesto en el artículo 3.4 de la Ley 40/2015, de 1 de octubre, de Régimen Jurídico del Sector Público?

a) Cada Administración Pública actúa para el cumplimiento de sus fines con personalidad jurídica única.
b) Las Administraciones Públicas se configuran como órganos territoriales.

c) Las Administraciones Públicas están integradas por entes locales.

d) Cada Administración instrumental actúa para el cumplimiento de sus fines con personalidad jurídica única.

9. Indica, de acuerdo con la Ley 40/2015, de 1 de octubre, de Régimen Jurídico del Sector Público, cuál de las siguientes afirmaciones es INCORRECTA en relación con los principios generales que deben regir la actuación de las Administraciones Públicas:

a) Las Administraciones Públicas sirven con objetividad los intereses generales y actúan de acuerdo con los principios de eficacia, jerarquía, descentralización, desconcentración y coordinación, con sometimiento pleno a la Constitución, a la Ley y al Derecho.

b) Las Administraciones Públicas, igualmente, deberán respetar en su actuación los principios de buena fe, confianza legítima y lealtad institucional.

c) Cada una de las Administraciones Públicas actúa para el cumplimiento de sus fines con personalidad jurídica única.

d) Las Administraciones Públicas, en sus relaciones, se rigen por el principio de cooperación y reciprocidad, y en su actuación por los criterios de cercanía y asistencia a los ciudadanos.

10. Las comunicaciones entre órganos administrativos, tras la Ley 40/2015, de 1 de octubre, de Régimen Jurídico del Sector Público y la Ley 39/2015, de 1 de octubre, de Procedimiento Administrativo Común de la Administraciones Públicas, deben efectuarse:

a) Oralmente.

b) Por escrito siempre.

c) Telemáticamente, como regla general.

d) Por cualquier medio que asegure la constancia de su recepción.

11. En cuanto a la competencia de los órganos administrativos:

a) La competencia es renunciable por los órganos que la tengan atribuida.

b) La titularidad y el ejercicio de las competencias atribuidas a los órganos administrativos no podrán ser desconcentradas en otros jerárquicamente dependientes de aquellos.

c) La encomienda de gestión, la delegación de firma y la suplencia no suponen alteración de la titularidad de la competencia, aunque sí de los elementos determinantes de su ejercicio que en cada caso se prevén.

d) Si alguna disposición atribuye competencia a una Administración, sin especificar el órgano que debe ejercerla, se entenderá que la facultad de instruir y resolver los expedientes corresponde a los órganos superiores competentes por razón de la materia y del territorio.

12. En referencia a los órganos administrativos, podrán delegar competencias relativas a:

a) Asuntos que se refieran a relaciones con la Jefatura del Estado.

b) La adopción de disposiciones de carácter general.

c) La resolución de recursos en los órganos administrativos que hayan dictado los actos objeto de recurso.

d) El ejercicio de la potestad sancionadora.

13. En relación con la delegación de competencias entre órganos administrativos, no es cierto que:

a) La delegación puede ser revocada en cualquier momento por el órgano que la haya conferido.

b) La delegación de competencias atribuidas a órganos colegiados, para cuyo ejercicio ordinario se requiera un quórum especial, deberá adoptarse observando, en todo caso, dicho quórum.

c) Las competencias que se ejercen por delegación pueden ser delegadas.

d) No podrán ser delegadas aquellas materias en que así se determine por norma con rango de ley.

14. En cuanto a la delegación de firma, es cierto que:

a) La delegación de firma altera la competencia del órgano delegante.

b) Para su validez es necesaria su publicación.

c) Solo puede delegarse la firma en materias que se ostenten por atribución.

d) En las resoluciones y actos que se firmen por delegación se hará constar la autoridad de procedencia.

15. En relación con los conflictos de atribuciones entre órganos administrativos, no es cierto que:

a) El órgano administrativo que se estime incompetente para la resolución de un asunto remitirá directamente las actuaciones al órgano que considere competente.

b) Los interesados que sean parte en el procedimiento podrán dirigirse al órgano que se encuentre conociendo de un asunto para que decline su competencia y remita las actuaciones al órgano competente.

c) Los interesados podrán dirigirse al órgano que estimen competente para que requiera de inhibición al que esté conociendo del asunto.

d) Los conflictos de atribuciones solo podrán suscitarse entre órganos de una misma Administración relacionados jerárquicamente.

16. En relación con las instrucciones y órdenes de servicio, no es cierto que:

a) El incumplimiento de las instrucciones u órdenes de servicio supone la invalidez de los actos dictados por los órganos administrativos.

b) Son normas de carácter interno, que no han de afectar a los administrados.

c) No requieren un especial procedimiento de elaboración.

d) Su cumplimiento se subordina al conocimiento de las mismas por sus destinatarios.

17. Señala la respuesta incorrecta. Las autoridades y el personal al servicio de las Administraciones se abstendrán de intervenir en el procedimiento:

a) Cuando tengan interés personal en el asunto de que se trate o en otro en cuya resolución pudiera influir la de aquel.

b) Si tienen parentesco de consanguinidad o de afinidad dentro del cuarto grado, con cualquiera de los interesados.

c) Tener amistad íntima con los administradores de entidades o sociedades interesadas o con los asesores, representantes legales o mandatarios que intervengan en el procedimiento.

d) Haber tenido intervención como perito o como testigo en el procedimiento de que se trate.

18. Señala la respuesta correcta en relación con la abstención en el procedimiento:

a) La actuación de autoridades y personal al servicio de las Administraciones Públicas en los que concurran motivos de abstención implicará, necesariamente, la invalidez de los actos en que hayan intervenido.

b) Los órganos jerárquicamente superiores podrán ordenar a las personas en quienes se dé alguna de las circunstancias señaladas en el art. 23 de la LRJSP que se abstengan de toda intervención en el expediente.

c) La no abstención en los casos en que proceda no dará lugar a responsabilidad.

d) La enemistad manifiesta no es motivo de abstención en el procedimiento de una autoridad de la Administración Pública.

19. En lo concerniente a la recusación, a la que se refiere el art. 24 de la LRJSP:

a) La recusación deberá promoverse por los interesados antes de que se inicie la tramitación del procedimiento.

b) La recusación se planteará por escrito en el que se expresará la causa o causas en que se funda.

c) Si el recusado niega la causa de recusación, el superior resolverá en el plazo de tres meses, previos los informes y comprobaciones que considere oportunos.

d) Contra las resoluciones adoptadas en esta materia cabe recurso de alzada.

20. Los órganos administrativos podrán dirigir las actividades de sus órganos jerárquicamente dependientes mediante:

a) Instrucciones y Órdenes de servicio.

b) Circulares.

c) Notas de servicio y Recomendaciones.

d) Directrices y Avisos.

21. A tenor de Entrena Cuesta, en consideración a su elemento subjetivo, es decir, a la persona o personas titulares del órgano, se distingue entre:

a) Órganos unipersonales o individuales y colectivos o colegiados.

b) Órganos de competencia general y órganos de competencia especial.

c) Órganos activos, consultivos y de control.
d) Órganos simples y complejos.

22. Señala uno de los requisitos necesarios exigidos para la creación de cualquier órgano administrativo:

a) Delimitación de sus funciones y competencias.
b) Determinación de su forma de integración en la Administración Pública de que se trate y su dependencia jerárquica.
c) Dotación de los créditos necesarios para su puesta en marcha y funcionamiento.
d) Todas las respuestas son correctas.

23. Señala la respuesta incorrecta respecto a las instrucciones y órdenes de servicio:

a) Las Instrucciones y Órdenes de Servicio son normas de carácter interno, que no han de afectar a los administrados, que no requieren un especial procedimiento de elaboración y cuyo cumplimiento se subordina al conocimiento de las mismas por sus destinatarios.
b) Las Instrucciones se producen en relación con un órgano o grupo de órganos y sobre asuntos concretos y singulares.
c) Su incumplimiento conllevará la exigencia de responsabilidad disciplinaria sobre la base del TR-LEBEP.
d) El incumplimiento de las instrucciones u órdenes de servicio no afecta por sí solo a la validez de los actos dictados por los órganos administrativos.

24. Señala la respuesta incorrecta respecto a la abstención:

a) Los órganos jerárquicamente superiores a quien se encuentre en alguna de las circunstancias motivo de abstención podrán ordenarle que se abstengan de toda intervención en el expediente.
b) Es motivo de abstención tener interés personal en el asunto de que se trate o en otro en cuya resolución pudiera influir la de aquel.
c) Es motivo de abstención haber intervenido como perito o como testigo en el procedimiento de que se trate.
d) La actuación de autoridades y personal al servicio de las Administraciones Públicas en los que concurran motivos de abstención implicará, necesariamente la invalidez de los actos en que hayan intervenido.

25. Si el recusado niega la causa de recusación, el superior resolverá, previos los informes y comprobaciones que considere oportunos, en el plazo de:

a) Siete días.
b) Cinco días.
c) Tres días.
d) Dos días.

26. Señala la respuesta incorrecta respecto a la figura del Secretario de los órganos colegiados:

a) Corresponderá al Secretario velar por la legalidad formal y material de las actuaciones del órgano colegiado.

b) Los órganos colegiados tendrán un Secretario que deberá ser un miembro del propio órgano.

c) El Secretario certifica las actuaciones del órgano colegiado.

d) El Secretario garantiza que los procedimientos y reglas de constitución y adopción de acuerdos son respetadas.

27. Señala la respuesta incorrecta respecto a las convocatorias y sesiones de los órganos colegiados:

a) No podrá ser objeto de deliberación o acuerdo ningún asunto que no figure incluido en el orden del día, salvo que asistan todos los miembros del órgano colegiado y sea declarada la urgencia del asunto por el voto favorable de la mayoría.

b) Todos los órganos colegiados se podrán constituir, convocar, celebrar sus sesiones, adoptar acuerdos y remitir actas tanto de forma presencial como a distancia, salvo que su reglamento interno recoja expresa y excepcionalmente lo contrario.

c) Para la válida constitución del órgano, a efectos de la celebración de sesiones, deliberaciones y toma de acuerdos, se requerirá la asistencia, presencial o a distancia, del Presidente y Secretario o en su caso, de quienes les suplan, y la de un tercio, al menos, de sus miembros.

d) Los órganos colegiados podrán establecer el régimen propio de convocatorias, si este no está previsto por sus normas de funcionamiento.

28. ¿Con qué antelación mínima deberán los miembros del órgano colegiado recibir la convocatoria conteniendo el orden del día de las reuniones?

a) Una semana.
b) Cuatro días.
c) Tres días.
d) Dos días.

29. En casos de vacante, ausencia, enfermedad, u otra causa legal, el Presidente será sustituido por el Vicepresidente que corresponda, y en su defecto, por el miembro del órgano colegiado:

a) De mayor antigüedad, jerarquía y edad, por este orden.
b) De mayor edad, jerarquía y antigüedad, por este orden.
c) De mayor jerarquía, antigüedad y edad, por este orden.
d) De mayor antigüedad, edad y jerarquía, por este orden.

30. Los miembros del órgano colegiado deberán:

a) Formular ruegos y preguntas.

b) Participar en los debates de las sesiones.

c) Ejercer su derecho al voto y formular su voto particular, así como expresar el sentido de su voto y los motivos que lo justifican.

d) Todas las respuestas son correctas.

31. Señala la respuesta incorrecta respecto al Secretario del órgano colegiado:

a) Prepara el despacho de los asuntos, redacta y autoriza las actas de las sesiones.

b) Expide certificaciones de las consultas, dictámenes y acuerdos aprobados.

c) Efectúa la convocatoria de las sesiones del órgano por orden del Presidente, así como las citaciones a los miembros del mismo.

d) Asiste a las reuniones con voz pero sin voto, y con voz y voto si así lo autoriza el Presidente del órgano colegiado.

32. Los miembros del órgano colegiado que discrepen del acuerdo mayoritario podrán formular voto particular por escrito en el plazo de:

a) Diez días.

b) Siete días.

c) Tres días.

d) Dos días.

33. A tenor de Entrena Cuesta, por la índole de las funciones ejercidas, se distingue entre:

a) Órganos centrales, con competencia en todo el territorio y órganos periféricos, con competencia solo en parte del mismo.

b) Órganos activos, consultivos y de control.

c) Órganos simples y complejos.

d) Órganos obligatorios y facultativos.

34. Señala la respuesta incorrecta:

a) En caso de que el Secretario no miembro sea suplido por un miembro del órgano colegiado, este conservará todos sus derechos como tal.

b) Es motivo de abstención ser administrador de sociedad o entidad interesada, o tener cuestión litigiosa pendiente con algún interesado.

c) Las cuestiones incidentales que se susciten en el procedimiento, incluso las que se refieran a la nulidad de actuaciones, no suspenderán la tramitación del mismo, salvo la recusación.

d) Las Órdenes de servicio son normas de carácter general que se dirigen a todos los órganos subordinados, mientras que las Órdenes de Servicio.

35. Uno de los motivos de abstención es tener relación de servicio con persona natural o jurídica interesada directamente en el asunto, o haberle prestado servicios profesionales de cualquier tipo y en cualquier circunstancia o lugar en:

a) Los cinco últimos años.
b) Los cuatro últimos años.
c) Los tres últimos años.
d) Los dos últimos años.

36. El establecimiento de una sede electrónica por la Administración Pública conlleva la responsabilidad del titular respecto:

a) De la integridad, veracidad y actualización de la información y los servicios a los que pueda accederse a través de la misma.
b) De la seguridad del sistema y de los servicios a los que pueda accederse a través de la web de cualquier Ministerio.
c) Solo de la veracidad de la información.
d) De la seguridad en los servicios a los que pueda accederse a través de la información.

37. La relación de sellos electrónicos utilizados por cada Administración Pública, incluyendo las características de los certificados electrónicos y los prestadores que los expiden, deberá ser:

a) Privada y accesible mediante autorización expresa.
b) Pública y accesible por medios electrónicos.
c) Pública pero no accesible.
d) Privada o accesible por medios electrónicos.

38. ¿Cómo denomina la Ley 40/2015 a cualquier acto o actuación realizada íntegramente a través de medios electrónicos por una Administración Pública en el marco de un procedimiento administrativo y en la que no haya intervenido de forma directa un empleado público?

a) Actuación administrativa técnica.
b) Actuación administrativa instantánea.
c) Actuación administrativa informatizada.
d) Actuación administrativa automatizada.

39. ¿Cómo denomina la Ley 40/2015 a la dirección electrónica, disponible para los ciudadanos a través de redes de telecomunicaciones, cuya titularidad corresponde a una Administración Pública, o bien a uno o varios organismos públicos o entidades de Derecho Público en el ejercicio de sus competencias:

a) Portal web.
b) Sede electrónica.
c) Portal de internet.
d) Sede telemática.

40. Las sedes electrónicas del sector público utilizarán, para identificarse y garantizar una comunicación segura con las mismas:

a) Certificados validados por la Unión Europea de autenticación de sitio web.
b) Certificados validados por la Unión Europea de autenticación de blog o redes sociales.
c) Certificados reconocidos o cualificados de autenticación de sitio web o medio equivalente.
d) Certificados reconocidos de identificación de espacios virtuales.

41. En el ejercicio de la competencia en la actuación administrativa automatizada, cada Administración Pública podrá determinar los supuestos de utilización de los sistemas de firma electrónica, pudiendo ser:

a) Código electrónico de verificación de la Administración Pública, órgano, organismo público o entidad de Derecho Público.
b) Código electrónico vinculado a la Administración Pública, órgano, organismo público o entidad de Derecho Público.
c) Sello seguro de verificación y código electrónico vinculados a la Administración Pública, órgano, organismo público o entidad de Derecho Público.
d) Sello electrónico y código seguro de verificación vinculados a la Administración Pública, órgano, organismo público o entidad de Derecho Público.

42. Una Comisión Bilateral de Cooperación se puede definir como:

a) Un órgano de cooperación, de ámbito sectorial determinado, que reúne, como Presidente, al miembro del Gobierno que, en representación de la Administración General del Estado, resulte competente por razón de la materia, y a los correspondientes miembros de los Consejos de Gobierno, en representación de las CCAA y de las Ciudades de Ceuta y Melilla.
b) Un órgano de cooperación, que reúnen, por un número igual de representantes, a miembros del Gobierno, en representación de la Administración General del Estado, y miembros del Consejo de Gobierno de la Comunidad Autónoma o representantes de la Ciudad de Ceuta o de la Ciudad de Melilla.
c) Un órgano de cooperación, entre el Gobierno de la Nación y los respectivos Gobiernos de las CCAA y está formada por el Presidente del Gobierno, que la preside, y por los Presidentes de las CCAA y de las Ciudades de Ceuta y Melilla.
d) Un órgano de cooperación, entre Administraciones cuyos territorios sean coincidentes o limítrofes, para mejorar la coordinación de la prestación de servicios, prevenir duplicidades y mejorar la eficiencia y calidad de los servicios, creado cuando así lo requiera la proximidad territorial o la concurrencia de funciones administrativas.

43. En el marco de los principios generales de las relaciones interadministrativas, el principio de coordinación supone que cualquier Administración Pública y, singularmente, la Administración General del Estado tiene la obligación de garantizar:

a) La lealtad de las actuaciones de las diferentes AAPP afectadas por una misma materia para la consecución de un resultado común, cuando así lo prevé la CE y los Estatutos de Autonomía.

b) La transparencia de las actuaciones de las diferentes AAPP afectadas por una misma materia para la consecución de un resultado común, cuando así lo prevé la CE y el resto del ordenamiento jurídico.

c) La proporcionalidad de las actuaciones de las diferentes AAPP afectadas por una misma materia para la consecución de un resultado común, cuando así lo prevé la CE y los Estatutos de Autonomía.

d) La coherencia de las actuaciones de las diferentes AAPP afectadas por una misma materia para la consecución de un resultado común, cuando así lo prevé la CE y el resto del ordenamiento jurídico.

44. Las relaciones entre la Administración General del Estado o las Administraciones de las Comunidades Autónomas con las Entidades que integran la Administración Local se regirán:

a) Por lo previsto en su normativa específica, en el marco de los principios que inspiran la actuación administrativa de acuerdo con la LPACAP.

b) En lo no previsto en el Título III de la LRJSP, por la legislación básica en materia de régimen local.

c) Por la LRJSP y supletoriamente por lo dispuesto en su normativa específica.

d) Por la legislación básica en materia de régimen local, así como por la normativa de estabilidad presupuestaria y sostenibilidad financiera y supletoriamente por la LRJSP.

45. La eficiencia en la gestión de los recursos públicos supone que:

a) Las AAPP asumen compromisos específicos en aras de una acción común.

b) Las AAPP compartirán el uso de recursos comunes, salvo que no resulte posible o se justifique en términos de su mejor aprovechamiento.

c) Las AAPP tienen el deber de actuar con el resto de Administraciones Públicas para el logro de fines comunes.

d) Las AAPP compartirán las competencias, salvo que no resulte posible o se justifique en términos de su mejor aprovechamiento.

46. En el marco del deber de colaboración entre las AAPP, las citadas Administraciones deberán:

a) Prestar, en el ámbito propio, la asistencia que las otras Administraciones pudieran solicitar para garantizar, siempre que fuera posible, el ejercicio de las competencias sancionadoras.

b) Ponderar, en el ejercicio de las competencias compartidas, la totalidad de los intereses públicos implicados y, en concreto, aquellos cuya gestión esté encomendada a las otras Administraciones.

c) Facilitar a las otras Administraciones la información que precisen sobre la actividad que desarrollen en el ejercicio de las competencias compartidas o que sea necesaria para que los ciudadanos puedan acceder de la mejor forma posible a la información relativa a una materia.

d) Respetar el ejercicio legítimo por las otras Administraciones de sus competencias.

47. De las técnicas de colaboración entre las AAPP podemos citar la siguiente:

a) El suministro de información, datos, documentos o medios probatorios que se hallen a disposición del organismo público o la entidad al que se dirige la solicitud y que la Administración solicitante precise disponer, a modo de información general.

b) La creación y mantenimiento de sistemas integrados de información administrativa con el fin de disponer de datos actualizados, completos y permanentes referentes a los diferentes ámbitos de actividad administrativa en todo el territorio nacional.

c) El deber de asistencia y auxilio, para atender las solicitudes formuladas por otras Administraciones para el mejor ejercicio de sus competencias, en especial cuando la actividad administrativa afecten, exclusivamente, a su ámbito territorial.

d) El suministro de información, datos, documentos o medios probatorios que pudiera obtener el organismo público o la entidad al que se dirige la solicitud para mejorar la gestión de la Administración solicitante.

48. La Conferencia Sectorial es:

a) Un órgano de cooperación de composición bilateral que reúnen, por un número igual de representantes, a miembros del Gobierno, en representación de la Administración General del Estado, y miembros del Consejo de Gobierno de la CCAA o representantes de la Ciudad de Ceuta o de la Ciudad de Melilla.

b) Un órgano de cooperación multilateral entre el Gobierno de la Nación y los respectivos Gobiernos de las CCAA y está formada por el Presidente del Gobierno, que la preside, y por los Presidentes de las CCAA y de las Ciudades de Ceuta y Melilla.

c) Un órgano de cooperación, de composición multilateral y ámbito sectorial determinado, que reúne, como Presidente, al miembro del Gobierno que, en representación de la Administración General del Estado, resulte competente por razón de la materia, y a los correspondientes miembros de los Consejos de Gobierno, en representación de las CCAA y de las Ciudades de Ceuta y Melilla.

d) Una comisión territorial de coordinación, de composición multilateral, entre Administraciones cuyos territorios sean coincidentes o limítrofes, para mejorar la coordinación de la prestación de servicios, prevenir duplicidades y mejorar la eficiencia y calidad de los servicios. Creada cuando así la requiera la proximidad territorial o la concurrencia de funciones administrativas.

49. La convocatoria de las reuniones de una Conferencia Sectorial corresponde:

a) Al Ministro que presida la Conferencia Sectorial, que acordará la convocatoria de las reuniones por iniciativa propia, al menos una vez al año, o cuando lo soliciten, al menos, la tercera parte de sus miembros.

b) Al Presidente del Gobierno, que la preside, que acordará la convocatoria de las reuniones por iniciativa propia, al menos dos veces al año, o cuando lo soliciten, al menos, dos terceras partes de sus miembros.

c) Al Ministro que presida la Conferencia Sectorial, que acordará la convocatoria de las reuniones por iniciativa propia, al menos una vez al trimestre, o cuando lo soliciten, al menos, dos terceras partes de sus miembros.

d) Al Presidente de la Comunidad Autónoma o de las Ciudades de Ceuta y Melilla que le corresponda presidirla cada año, que acordará la convocatoria de las reuniones por iniciativa propia, al menos una vez al trimestre, o cuando lo soliciten, al menos, la tercera parte de sus miembros.

50. Las diferentes AAPP actúan y se relacionan con otras Administraciones y entidades u organismos vinculados o dependientes de estas de acuerdo con los siguientes principios:

a) Lealtad institucional; Adecuación al orden de distribución de competencias establecido; Colaboración; Cooperación; Coordinación; Eficiencia en la gestión de los recursos públicos; Responsabilidad de cada Administración Pública en el cumplimiento de sus obligaciones y compromisos; Garantía e igualdad en el ejercicio de los derechos de todos los ciudadanos en sus relaciones con las diferentes Administraciones; Solidaridad interterritorial de acuerdo con la CE.

b) Necesidad; Eficacia; Proporcionalidad; Seguridad jurídica; Transparencia y Eficiencia.

c) Lealtad institucional; Adecuación al orden de distribución de competencias establecido; Colaboración; Eficacia en la gestión de los recursos públicos; Responsabilidad de cada Administración Pública en el cumplimiento de sus obligaciones y compromisos; Garantía e igualdad en el ejercicio de los derechos de todos los ciudadanos en sus relaciones con las diferentes Administraciones.

d) Necesidad; Eficacia; Proporcionalidad; Seguridad jurídica; Transparencia; Eficiencia; Responsabilidad de cada Administración Pública en el cumplimiento de sus obligaciones y compromisos; Garantía e igualdad en el ejercicio de los derechos de todos los ciudadanos en sus relaciones con las diferentes Administraciones; Solidaridad interterritorial de acuerdo con la CE.

51. ¿Cuál es el régimen de convocatorias de las Comisiones Territoriales de Coordinación?

a) El mismo que el establecido para las Conferencias Sectoriales, en los arts. 149 y 150 de la LRJSP.

b) El que establezca su propio reglamento interno de funcionamiento.

c) El mismo que el establecido para las Conferencias de Presidentes, en el art. 147 de la LRJSP.

d) El mismo que el establecido para las Comisiones Sectoriales, en el art. 153 de la LRJSP.

52. Las obligaciones que se derivan del deber de colaboración se harán efectivas utilizando alguna de estas técnicas:

a) La prestación de medios materiales, económicos o personales a otras AAPP.

b) El deber de asistencia y auxilio, para atender las solicitudes formuladas por otras Administraciones para el mejor ejercicio de sus competencias, en especial cuando los efectos de su actividad administrativa se extiendan fuera de su ámbito territorial.

c) La emisión de informes no preceptivos con el fin de que las diferentes Administraciones expresen su criterio sobre propuestas o actuaciones que incidan en sus competencias.

d) Las actuaciones de cooperación en materia patrimonial, incluidos los cambios de titularidad y la cesión de bienes, previstas en la legislación patrimonial.

53. ¿Qué artículo define que debemos entender por "órganos de cooperación"?

a) El art. 143 de la LRJSP.
b) El art. 145 de la LRJSP.
c) El art. 153 de la LRJSP.
d) El art. 155 de la LRJSP.

54. Se podrá dar cumplimiento al principio de cooperación, de acuerdo con las técnicas que las Administraciones estimen más adecuadas, y entre ellas, podemos citar la siguiente:

a) El suministro de información, datos, documentos o medios probatorios que se hallen a disposición del organismo público o la entidad al que se dirige la solicitud y que la Administración solicitante precise disponer para el ejercicio de sus competencias.
b) La participación en órganos consultivos de otras AAPP.
c) La creación y mantenimiento de sistemas integrados de información administrativa con el fin de disponer de datos actualizados, completos y permanentes referentes a los diferentes ámbitos de actividad administrativa en todo el territorio nacional.
d) El deber de asistencia y auxilio, para atender las solicitudes formuladas por otras Administraciones para el mejor ejercicio de sus competencias, en especial cuando los efectos de su actividad administrativa se extiendan fuera de su ámbito territorial.

55. La Conferencia de Presidentes tiene por objeto:

a) La mejora de la coordinación de la prestación de servicios, evitando duplicidades y mejorando la eficiencia y calidad de los servicios.
b) La deliberación de asuntos y la adopción de acuerdos de interés para el Estado y las CCAA.
c) El ejercicio de funciones consultivas, decisorias o de coordinación orientadas a alcanzar acuerdos sobre materias comunes.
d) El ejercicio de funciones de consulta y adopción de acuerdos que tengan por objeto la mejora de la coordinación entre las respectivas Administraciones en asuntos que afecten de forma singular a la Comunidad Autónoma, a la Ciudad de Ceuta o a la Ciudad de Melilla.

56. Una Conferencia Sectorial está formada por:

a) El Presidente del Gobierno, que la preside, y por los Presidentes de las CCAA y de las Ciudades de Ceuta y Melilla.
b) Los correspondientes miembros de los Consejos de Gobierno, en representación de las CCAA y de las Ciudades de Ceuta y Melilla y el Presidente del Gobierno, que la preside.
c) El Presidente del Gobierno, que la preside; El miembro del Gobierno que, en representación de la Administración General del Estado, resulte competente por razón de la materia y los correspondientes miembros de los Consejos de Gobierno, en representación de las CCAA y de las Ciudades de Ceuta y Melilla.

d) El miembro del Gobierno que, en representación de la Administración General del Estado, resulte competente por razón de la materia, y que actuará como Presidente, y los correspondientes miembros de los Consejos de Gobierno, en representación de las CCAA y de las Ciudades de Ceuta y Melilla.

57. ¿A quién se debe informar de los anteproyectos de leyes y los proyectos de reglamentos de los Consejos de Gobierno de las CCAA cuando afecten de manera directa al ámbito competencial de las otras AAPP?

a) La Conferencia de Presidentes.
b) Las Comisiones Territoriales de Coordinación.
c) Las Conferencias Sectoriales.
d) Las Comisiones Bilaterales de Cooperación.

58. ¿Cómo se denomina el órgano de trabajo y de apoyo de carácter general de la Conferencia Sectorial?

a) El Grupo de Trabajo de una Conferencia Sectorial.
b) La Comisión Sectorial de una Conferencia Sectorial.
c) La Comisión Bilateral de Coordinación de una Conferencia Sectorial.
d) La Comisión Territorial de Coordinación de una Conferencia Sectorial

59. ¿Qué funciones ejercen las Comisiones Bilaterales de Cooperación?

a) Funciones de apoyo de carácter general de la Conferencia Sectorial.
b) Funciones de apoyo del Consejo de Ministros y de las Comisiones Delegadas del Gobierno.
c) Funciones de consulta y adopción de acuerdos que tengan por objeto la mejora de la coordinación entre las respectivas Administraciones en asuntos que afecten de forma singular a la Comunidad Autónoma, a la Ciudad de Ceuta o a la Ciudad de Melilla.
d) Funciones de asesoramiento, apoyo técnico y, en su caso, la gestión directa en relación con las funciones de planificación, programación y presupuestación, cooperación internacional, acción en el exterior, organización y recursos humanos, sistemas de información y comunicación, producción normativa, asistencia jurídica, gestión financiera, gestión de medios materiales y servicios auxiliares, seguimiento, control e inspección de servicios comunes de los Ministerios, estadística para fines estatales y publicaciones.

60. Las Administraciones cooperarán:

a) Al servicio de la seguridad jurídica y tendrán que acordar obligatoriamente la forma de ejercer sus respectivas competencias que mejor sirva a este principio.
b) Al servicio del bien común y la solidaridad y podrán acordar de manera voluntaria la forma de ejercer sus respectivas competencias que mejor sirva a este principio.
c) Al servicio de las instituciones del Estado, de las CCAA, y de las Entidades Locales y tendrán que acordar obligatoriamente la forma de ejercer sus respectivas competencias que mejor sirva a este principio.
d) Al servicio del interés general y podrán acordar de manera voluntaria la forma de ejercer sus respectivas competencias que mejor sirva a este principio.

61. La Conferencia de Presidentes es:

a) Un órgano de colaboración multilateral entre la Administración General del Estado, las Administraciones Autonómicas y las EELL.
b) Un órgano de cooperación bilateral entre el Gobierno de la Nación y el Gobierno de cada CCAA.
c) Un órgano de colaboración multilateral entre los Gobiernos de las CCAA.
d) Un órgano de cooperación multilateral entre el Gobierno de la Nación y los respectivos Gobiernos de las CCAA.

62. Las decisiones de las Conferencias Sectoriales podrán revestir forma de:

a) Acuerdo o Decreto.
b) Acuerdo o Convenio.
c) Acuerdo o Recomendación.
d) Convenio o Recomendación.

63. Entre las funciones de una Comisión Sectorial de una Conferencia Sectorial podemos citar la siguiente:

a) El establecimiento de mecanismos de intercambio de información, especialmente de contenido estadístico.
b) La adopción de un acuerdo sobre la organización interna y el método de trabajo de la Conferencia Sectorial.
c) El seguimiento y evaluación de los Grupos de trabajo constituidos por la Conferencia Sectorial.
d) La recepción de los actos de comunicación de los miembros de la Conferencia Sectorial y, por tanto, de las notificaciones, peticiones de datos, rectificaciones o de cualquiera otra clase de escritos de los que deba tener conocimiento.

64. El reglamento de organización y funcionamiento interno de una Conferencia Sectorial será aprobado:

a) Por sus miembros.
b) Por el Ministro que presida la Conferencia Sectorial.
c) Por el Presidente del Gobierno.
d) Por el Presidente de la Comunidad Autónoma o de las Ciudades de Ceuta y Melilla, de común acuerdo con el Ministro que preside la Conferencia Sectorial.

65. Las decisiones adoptadas por las Comisiones Bilaterales de Cooperación revestirán la forma de:

a) Instrucciones, pero no serán de obligado cumplimiento.
b) Acuerdos y serán de obligado cumplimiento, cuando así se prevea expresamente, para las dos Administraciones que lo suscriban y en ese caso serán exigibles conforme a lo establecido en la Ley 29/1998, de 13 de julio, reguladora de la Jurisdicción Contencioso-administrativa.

c) Acuerdos, pero no serán de obligado cumplimiento.

d) Convenios y serán de obligado cumplimiento, cuando así se prevea expresamente, para las dos Administraciones que lo suscriban y en ese caso serán exigibles conforme a lo establecido en la Ley 29/1998, de 13 de julio, reguladora de la Jurisdicción Contencio-so-administrativa.

66. Entre las funciones de una Comisión Sectorial de una Conferencia Sectorial podemos citar la siguiente:

a) Establecer mecanismos de intercambio de información, especialmente de conteni-do estadístico.

b) Acordar la organización interna y de su método de trabajo.

c) Establecer planes específicos de cooperación entre CCAA en la materia sectorial co-rrespondiente, procurando la supresión de duplicidades, y la consecución de una mejor eficiencia de los servicios públicos.

d) Preparar las reuniones de la Conferencia Sectorial, para lo que tratará los asuntos incluidos en el orden del día de la convocatoria.

67. ¿Quién podrá solicitar la participación de las organizaciones representativas de intereses afectados en el Grupo de Trabajo de una Conferencia Sectorial?

a) El director del Grupo de trabajo, que será un representante de la Administración General del Estado, con el voto favorable de la mayoría de sus miembros.

b) El Secretario de Estado u órgano superior de la Administración General del Estado designado al efecto por el Ministro correspondiente, con el voto favorable de la mayoría de sus miembros.

c) Algún representante de una Comunidad Autónoma en la Conferencia Sectorial, así como un representante de la Ciudad de Ceuta y de la Ciudad Melilla, con el voto favorable de la mayoría de sus miembros.

d) El Ministro que presida la Conferencia Sectorial.

68. ¿Quién designa a la persona que ocupará la Secretaría de una Conferencia Sectorial?

a) El Presidente de la Conferencia Sectorial.

b) El Presidente del Gobierno, a propuesta del Presidente de la Conferencia Sectorial.

c) Los Presidentes de las CCAA y de las Ciudades de Ceuta y Melilla, de común acuerdo.

d) Los Presidentes de las CCAA o de las Ciudades de Ceuta y Melilla, a propuesta del Presidente de la Conferencia Sectorial.

69. La Conferencia de Presidentes está formada:

a) Por el Presidente del Gobierno, que la preside, los Presidentes de las CCAA y de las Ciudades de Ceuta y Melilla y dos representantes de las Entidades Locales.

b) Por el Presidente del Gobierno, que la preside, y por los Presidentes de las CCAA y de las Ciudades de Ceuta y Melilla.

c) Un miembro del Gobierno en representación de la Administración General del Estado, que presidirá la conferencia, y los correspondientes miembros de los Consejos de Gobierno, en representación de las CCAA y de las Ciudades de Ceuta y Melilla.

d) Por los Presidentes de las CCAA y de las Ciudades de Ceuta y Melilla y los Alcaldes de las grandes ciudades.

70. La Administración General del Estado, así como, las Administraciones de las CCAA y las de las EELL deberán colaborar y auxiliarse para la ejecución de los actos que hayan de realizarse o tengan efectos fuera de sus respectivos ámbitos territoriales. Los posibles costes que pueda generar el deber de colaboración:

a) Deberán ser repercutidos, en la forma y términos que se acuerde.

b) Podrán ser repercutidos, si así lo decide la Administración que preste la asistencia y colaboración requerida.

c) Podrán ser repercutidos cuando así se acuerde.

d) Serán, siempre, repercutidos.

Solución al test n.º 6

1. a) Lealtad institucional.

2. c) Proximidad a los ciudadanos.

3. a) Transparencia de la actuación administrativa.

4. c) Coordinación, descentralización, jerarquía, eficacia y desconcentración.

5. c) Participación, objetividad y transparencia de la actuación administrativa.

6. a) Buena fe, confianza legítima y lealtad institucional.

7. b) A través de medios electrónicos, que aseguren la interoperabilidad y seguridad de los sistemas y soluciones adoptadas por cada una de ellas, garantizando la protección de los datos de carácter personal, y facilitando preferentemente la prestación conjunta de servicios a los interesados.

8. a) Cada Administración Pública actúa para el cumplimiento de sus fines con personalidad jurídica única.

9. d) Las Administraciones Públicas, en sus relaciones, se rigen por el principio de cooperación y reciprocidad, y en su actuación por los criterios de cercanía y asistencia a los ciudadanos.

10. c) Telemáticamente, como regla general.

11. c) La encomienda de gestión, la delegación de firma y la suplencia no suponen alteración de la titularidad de la competencia, aunque sí de los elementos determinantes de su ejercicio que en cada caso se prevén.

12. d) El ejercicio de la potestad sancionadora.

13. c) Las competencias que se ejercen por delegación pueden ser delegadas.

14. d) En las resoluciones y actos que se firmen por delegación se hará constar la autoridad de procedencia.

15. d) Los conflictos de atribuciones sólo podrán suscitarse entre órganos de una misma Administración relacionados jerárquicamente.

16. a) El incumplimiento de las instrucciones u órdenes de servicio supone la invalidez de los actos dictados por los órganos administrativos.

17. b) Si tienen parentesco de consanguinidad o de afinidad dentro del cuarto grado, con cualquiera de los interesados.

18. b) Los órganos jerárquicamente superiores podrán ordenar a las personas en quienes se dé alguna de las circunstancias señaladas en el art. 23 de la LRJSP que se abstengan de toda intervención en el expediente.

19. b) La recusación se planteará por escrito en el que se expresará la causa o causas en que se funda.

20. a) Instrucciones y Órdenes de servicio.

21. a) Órganos unipersonales o individuales y colectivos o colegiados.

22. d) Todas las respuestas son correctas.

23. b) Las Instrucciones se producen en relación con un órgano o grupo de órganos y sobre asuntos concretos y singulares.

24. d) La actuación de autoridades y personal al servicio de las Administraciones Públicas en los que concurran motivos de abstención implicará, necesariamente la invalidez de los actos en que hayan intervenido.

25. c) Tres días.

26. b) Los órganos colegiados tendrán un Secretario que deberá ser un miembro del propio órgano.

27. c) Para la válida constitución del órgano, a efectos de la celebración de sesiones, deliberaciones y toma de acuerdos, se requerirá la asistencia, presencial o a distancia, del Presidente y Secretario o en su caso, de quienes les suplan, y la de un tercio, al menos, de sus miembros.

28. d) Dos días.

29. c) De mayor jerarquía, antigüedad y edad, por este orden.

30. d) Todas las respuestas son correctas.

31. d) Asiste a las reuniones con voz pero sin voto, y con voz y voto si así lo autoriza el Presidente del órgano colegiado.

32. d) Dos días.

33. b) Órganos activos, consultivos y de control.

34. d) Las Órdenes de servicio son normas de carácter general que se dirigen a todos los órganos subordinados, mientras que las Órdenes de Servicio.

35. d) Los dos últimos años.

36. a) De la integridad, veracidad y actualización de la información y los servicios a los que pueda accederse a través de la misma.

37. b) Pública y accesible por medios electrónicos.

38. d) Actuación administrativa automatizada.

39. b) Sede electrónica.

40. c) Certificados reconocidos o cualificados de autenticación de sitio web o medio equivalente.

41. d) Sello electrónico y código seguro de verificación vinculados a la Administración Pública, órgano, organismo público o entidad de Derecho Público.

42. b) Un órgano de cooperación, que reúnen, por un número igual de representantes, a miembros del Gobierno, en representación de la Administración General del Estado, y miembros del Consejo de Gobierno de la CCAA o representantes de la Ciudad de Ceuta o de la Ciudad de Melilla.

43. d) La coherencia de las actuaciones de las diferentes AAPP afectadas por una misma materia para la consecución de un resultado común, cuando así lo prevé la CE y el resto del ordenamiento jurídico.

44. b) En lo no previsto en el Título III de la LRJSP, por la legislación básica en materia de régimen local.

45. b) Las AAPP compartirán el uso de recursos comunes, salvo que no resulte posible o se justifique en términos de su mejor aprovechamiento.

46. d) Respetar el ejercicio legítimo por las otras Administraciones de sus competencias.

47. b) La creación y mantenimiento de sistemas integrados de información administrativa con el fin de disponer de datos actualizados, completos y permanentes referentes a los diferentes ámbitos de actividad administrativa en todo el territorio nacional.

48. c) Un órgano de cooperación, de composición multilateral y ámbito sectorial determinado, que reúne, como Presidente, al miembro del Gobierno que, en representación de la Administración General del Estado, resulte competente por razón de la materia, y a los correspondientes miembros de los Consejos de Gobierno, en representación de las CCAA y de las Ciudades de Ceuta y Melilla.

49. a) Al Ministro que presida la Conferencia Sectorial, que acordará la convocatoria de las reuniones por iniciativa propia, al menos una vez al año, o cuando lo soliciten, al menos, la tercera parte de sus miembros.

50. a) Lealtad institucional; Adecuación al orden de distribución de competencias establecido; Colaboración; Cooperación; Coordinación; Eficiencia en la gestión de los recursos públicos; Responsabilidad de cada Administración Pública en el cumplimiento de sus obligaciones y compromisos; Garantía e igualdad en el ejercicio de los derechos de todos los ciudadanos en sus relaciones con las diferentes Administraciones; Solidaridad interterritorial de acuerdo con la CE.

51. a) El mismo que el establecido para las Conferencias Sectoriales, en los arts. 149 y 150 de la LRJSP.

52. b) El deber de asistencia y auxilio, para atender las solicitudes formuladas por otras Administraciones para el mejor ejercicio de sus competencias, en especial cuando los efectos de su actividad administrativa se extiendan fuera de su ámbito territorial.

53. b) El art. 145 de la LRJSP.

54. b) La participación en órganos consultivos de otras AAPP.

55. b) La deliberación de asuntos y la adopción de acuerdos de interés para el Estado y las CCAA.

56. d) El miembro del Gobierno que, en representación de la Administración General del Estado, resulte competente por razón de la materia, y que actuará como Presidente, y los correspondientes miembros de los Consejos de Gobierno, en representación de las CCAA y de las Ciudades de Ceuta y Melilla.

57. c) Las Conferencias Sectoriales.

58. b) La Comisión Sectorial de una Conferencia Sectorial.

59. c) Funciones de consulta y adopción de acuerdos que tengan por objeto la mejora de la coordinación entre las respectivas Administraciones en asuntos que afecten de forma singular a la Comunidad Autónoma, a la Ciudad de Ceuta o a la Ciudad de Melilla.

60. d) Al servicio del interés general y podrán acordar de manera voluntaria la forma de ejercer sus respectivas competencias que mejor sirva a este principio.

61. d) Un órgano de cooperación multilateral entre el Gobierno de la Nación y los respectivos Gobiernos de las CCAA.

62. c) Acuerdo o Recomendación.

63. c) El seguimiento y evaluación de los Grupos de trabajo constituidos por la Conferencia Sectorial.

64. a) Por sus miembros.

65. b) Acuerdos y serán de obligado cumplimiento, cuando así se prevea expresamente, para las dos Administraciones que lo suscriban y en ese caso serán exigibles conforme a lo establecido en la Ley 29/1998, de 13 de julio, reguladora de la Jurisdicción Contencioso-administrativa.

66. d) Preparar las reuniones de la Conferencia Sectorial, para lo que tratará los asuntos incluidos en el orden del día de la convocatoria.

67. a) El director del Grupo de trabajo, que será un representante de la Administración General del Estado, con el voto favorable de la mayoría de sus miembros.

68. a) El Presidente de la Conferencia Sectorial.

69. b) Por el Presidente del Gobierno, que la preside, y por los Presidentes de las CCAA y de las Ciudades de Ceuta y Melilla.

70. c) Podrán ser repercutidos cuando así se acuerde.

TEST N.º 7

El personal al servicio de la Administración de la Comunidad Autónoma de Cantabria. La relación jurídico-estatutaria. Adquisición y pérdida de la condición de funcionario. Situaciones administrativas

1. Entre los tipos de personal al servicio de la Administración de la Diputación Regional de Cantabria, establecidos por el artículo 4 de la Ley de Cantabria 4/1993, de Función Pública, no figura:

a) Personal interino.
b) Personal laboral.
c) Personal eventual.
d) Personal numerario.

2. Según la Ley 4/1993, podrá nombrarse personal interino para la ejecución de programas de carácter temporal, que no podrán tener una duración:

a) Superior a cuatro años, incluidas sus prórrogas.
b) Superior a cinco años, excluidas sus posibles prórrogas.
c) Inferior a dos años.
d) Inferior a un año.

3. Según el EBEP, podrá nombrarse personal interino por el exceso o acumulación de tareas por plazo máximo de:

a) 6 meses consecutivos.
b) 6 meses, dentro de un periodo de doce meses.
c) 3 meses, dentro de un periodo de seis meses.
d) 9 meses, dentro de un periodo de dieciocho meses.

4. Los funcionarios de carrera son aquellos quienes, en virtud de nombramiento legal, están vinculados a una Administración Pública por una relación estatutaria regulada por:

a) El Derecho Laboral.
b) El Derecho Administrativo.

c) El Derecho Civil.
d) El Derecho Constitucional.

5. El desempeño de un puesto de trabajo como personal eventual:

a) Podrá constituir mérito para el acceso a la condición de funcionario o personal laboral y también constituirá mérito para la promoción interna.

b) Podrá constituir mérito para el acceso a la condición de funcionario o personal laboral pero no constituirá mérito para la promoción interna.

c) No constituirá mérito para el acceso a la condición de funcionario o personal laboral, pero sí constituirá mérito para la promoción interna.

d) No constituirá mérito para el acceso a la condición de funcionario o personal laboral, ni tampoco constituirá mérito para la promoción interna.

6. Según la Ley 4/1993, la asignación de niveles a grupos se regulará:

a) Por ley cántabra.
b) Por ley estatal.
c) Por Decreto.
d) Por Orden del titular de la Consejería competente en materia de función pública.

7. Según el Estatuto Básico del Empleado Público, para el acceso a los cuerpos o escalas del Grupo B se exigirá estar en posesión del título de:

a) Grado universitario.
b) Diplomado universitario.
c) Técnico superior.
d) Bachiller o Técnico.

8. ¿Cuál de los siguientes Cuerpos de funcionarios al servicio de la Administración de la Comunidad Autónoma de Cantabria es, según la Ley 4/1993, un Cuerpo de Administración General?

a) Cuerpo de Diplomados y Técnicos Medios.
b) Cuerpo de Técnicos Auxiliares.
c) Cuerpo de Letrados.
d) Cuerpo Técnico Superior.

9. La renuncia voluntaria a la condición de funcionario:

a) Inhabilita para ingresar de nuevo en la Administración Pública.
b) No requiere aceptación expresa por la Administración.
c) Será aceptada expresamente cuando el funcionario esté sujeto a expediente disciplinario o haya sido dictado en su contra auto de procesamiento o de apertura de juicio oral por la comisión de algún delito.
d) Debe ser manifestada por escrito.

10. ¿Pueden los órganos de gobierno de las Administraciones Públicas conceder la rehabilitación de quien hubiera perdido la condición de funcionario por haber sido condenado a la pena principal o accesoria de inhabilitación?

a) No, en ningún caso.
b) Excepcionalmente, atendiendo a las circunstancias y entidad del delito cometido.
c) Solo cuando se trate de una inhabilitación provisional.
d) Sí, cuando la inhabilitación se tratara de una pena accesoria.

11. Señala la opción incorrecta. El acceso al empleo público se efectuará de acuerdo con los principios constitucionales de:

a) Capacidad.
b) Mérito.
c) Igualdad.
d) Participación.

12. Según el EBEP, en las ofertas de empleo público se reservará un cupo de las vacantes para ser cubiertas entre personas con discapacidad, no inferior al:

a) 2 %.
b) 5 %.
c) 7 %.
d) 10 %.

13. Podrán formar parte de los órganos de selección:

a) El personal eventual.
b) Los funcionarios interinos.
c) El personal de designación política.
d) El personal laboral.

14. El funcionario que haya perdido su condición por cambio de nacionalidad, si recupera la nacionalidad:

a) Volverá automáticamente al puesto de trabajo que ocupaba.
b) No podrá volver a ejercer como funcionario.
c) Podrá solicitar la rehabilitación.
d) Podrá acceder a la función pública superando un nuevo proceso selectivo.

15. La pena principal o accesoria, a un funcionario público, de inhabilitación absoluta cuando hubiere adquirido firmeza la sentencia que la imponga, produce:

a) La suspensión de todas sus funciones públicas.
b) La pérdida de la condición de funcionario respecto a todos los empleos o cargos que tuviere.

c) La pérdida de la condición de funcionario respecto a todos los empleos o cargos que tuviere, excepto los cargos electivos.

d) La excedencia forzosa.

16. Señala la opción incorrecta en relación a los órganos de selección:

a) La pertenencia a los órganos de selección será a título representativo, ya sea de la administración o de las organizaciones sindicales.

b) Los órganos de selección serán colegiados.

c) El personal de elección o de designación política, los funcionarios interinos y el personal eventual no podrán formar parte de los órganos de selección.

d) En la composición de los órganos de selección se tenderá a la paridad entre mujer y hombre.

17. ¿Pueden los órganos de selección proponer el acceso a la condición de funcionario de un número superior de aprobados al de plazas convocadas?

a) No, en ningún caso.

b) Sí, siempre que no sobrepasen el 10% de las plazas convocadas, con objeto de cubrir posibles renuncias de los aspirantes seleccionados.

c) Sí, si así lo prevé la propia convocatoria.

d) Sí, a efectos de creación de listas de reserva.

18. ¿Supone la superación de las pruebas selectivas, por sí misma, la adquisición de la condición de funcionario de carrera?

a) No.

b) Sí, si así lo prevé la propia convocatoria.

c) Sí, si la lista definitiva de aprobados ha sido publicada en el correspondiente Diario Oficial.

d) Sí, si se trata del sistema de oposición.

19. Las funcionarias víctimas de violencia de género tendrán derecho a la reserva del puesto de trabajo que desempeñaran:

a) Durante los 2 primeros meses.

b) Durante los 3 primeros meses.

c) Durante los 6 primeros meses.

d) Durante todo el tiempo que dure esta situación de excedencia.

20. Cuando adquieran la condición de funcionarios al servicio de organizaciones internacionales, los funcionarios de carrera serán declarados en situación de:

a) Excedencia.

b) Servicios especiales.

c) Servicio en otras Administraciones Públicas.
d) Servicio activo.

21. Cuando finalizada la causa que determinó el pase a una situación distinta a la de servicio activo, se incumpla la obligación de solicitar el reingreso al servicio activo en el plazo en que se determine reglamentariamente:

a) El interesado perderá la condición de funcionario.
b) Procederá declarar de oficio la excedencia voluntaria por interés particular.
c) Procederá declarar de oficio la suspensión de funciones.
d) Se entenderá que renuncia a la condición de funcionario.

22. Las comisiones de servicio en la Administración de la Diputación Regional de Cantabria tendrán siempre carácter temporal y no podrán tener duración superior a:

a) 1 año.
b) 2 años.
c) 4 años.
d) 5 años.

23. En la Administración de la Comunidad Autónoma de Cantabria, corresponde aprobar la oferta de empleo público anual a:

a) El Consejo de Gobierno.
b) El Consejero competente en materia de función pública.
c) La Asamblea Regional de Cantabria.
d) El Consejo de Función Pública.

24. Señala la opción incorrecta. La designación de personal directivo:

a) Atenderá a principios de mérito y capacidad.
b) Se llevará a cabo mediante procedimientos que garanticen la publicidad y concurrencia.
c) Supone la adquisición de la condición de personal eventual.
d) Atenderá a criterios de idoneidad.

25. El último texto refundido de la Ley del Estatuto Básico del Empleado Público fue aprobado por:

a) Real Decreto Legislativo 5/2015, de 30 de octubre.
b) Real Decreto Legislativo 2/2015, de 23 de octubre.
c) Real Decreto Legislativo 3/2015, de 23 de octubre.
d) Real Decreto Legislativo 6/2015, de 30 de octubre.

Solución al test n.º 7

1. d) Personal numerario.

2. a) Superior a cuatro años, incluidas sus prórrogas.

3. d) 9 meses, dentro de un periodo de dieciocho meses.

4. b) El Derecho Administrativo.

5. d) No constituirá mérito para el acceso a la condición de funcionario o personal laboral, ni tampoco constituirá mérito para la promoción interna.

6. c) Por Decreto.

7. c) Técnico superior.

8. d) Cuerpo Técnico Superior.

9. d) Debe ser manifestada por escrito.

10. b) Excepcionalmente, atendiendo a las circunstancias y entidad del delito cometido.

11. d) Participación.

12. c) 7%.

13. d) El personal laboral.

14. c) Podrá solicitar la rehabilitación.

15. b) La pérdida de la condición de funcionario respecto a todos los empleos o cargos que tuviere.

16. a) La pertenencia a los órganos de selección será a título representativo, ya sea de la administración o de las organizaciones sindicales.

17. c) Sí, si así lo prevé la propia convocatoria.

18. a) No.

19. c) Durante los 6 primeros meses.

20. b) Servicios especiales.

21. b) Procederá declarar de oficio la excedencia voluntaria por interés particular.

22. b) 2 años.

23. a) El Consejo de Gobierno.

24. c) Supone la adquisición de la condición de personal eventual.

25. a) Real Decreto Legislativo 5/2015, de 30 de octubre.

TEST N.º 8

Derechos y deberes de los funcionarios de la Administración de la Comunidad Autónoma de Cantabria. Sistema de retribuciones. Incompatibilidades. Régimen disciplinario. Provisión de puestos y promoción profesional

1. A tenor del artículo 14 del EBEP los empleados públicos tienen derecho:

a) A la inamovilidad en la condición de funcionario de carrera.

b) A la formación continua y a la actualización permanente de sus conocimientos y capacidades profesionales, preferentemente fuera del horario laboral.

c) A la libertad de expresión, sin restricción alguna.

d) A participar en la consecución de los objetivos atribuidos a la unidad donde preste sus servicios y a ser consultado por sus superiores por las tareas a desarrollar.

2. Completa la siguiente frase: "Los empleados públicos tienen derecho a la negociación colectiva, representación y .... para la determinación de sus condiciones de trabajo"

a) Evaluación del desempeño.

b) Huelga.

c) Participación institucional.

d) Convenio.

3. Quedan excluidas de la obligatoriedad de la negociación colectiva:

a) Las normas que fijen los criterios y mecanismos generales en materia de evaluación del desempeño.

b) Los criterios generales para la determinación de prestaciones sociales y pensiones de clases pasivas.

c) Los criterios generales sobre ofertas de empleo público.

d) La determinación de condiciones de trabajo del personal directivo.

4. Las Juntas de Personal se constituirán en unidades electorales que cuenten con un censo mínimo de:

a) 15 funcionarios.
b) 25 funcionarios.
c) 30 funcionarios.
d) 50 funcionarios.

5. El derecho a participar, a través de las organizaciones sindicales, en los órganos de control y seguimiento de las entidades u organismos que legalmente se determine, es lo que el EBEP denomina:

a) Negociación colectiva.
b) Participación institucional.
c) Representación.
d) Derecho de reunión.

6. En las Mesas de Negociación, las partes están obligadas a negociar bajo el principio de:

a) El interés general.
b) Representación equilibrada.
c) Reconocimiento mutuo.
d) La buena fe.

7. Tal y como señala el artículo 46 del EBEP, están legitimados para convocar una reunión los empleados públicos de las Administraciones respectivas en número no inferior:

a) Al 10 % del colectivo convocado.
b) Al 20 % del colectivo convocado.
c) Al 30 % del colectivo convocado.
d) Al 40 % del colectivo convocado.

8. A tenor del artículo 39 del EBEP los órganos específicos de representación de los funcionarios son:

a) Los Comités de Empresa y los Delegados de Prevención.
b) Los Delegados de Personal y las Juntas de Personal.
c) Las Mesas Generales de Negociación y las Mesas Sectoriales.
d) Los Comités de Personal y los Delegados de Servicio.

9. ¿Cuántos Delegados de Personal se elegirán en una unidad electoral con 41 funcionarios?

a) 1.
b) 2.

c) 3.

d) Entre 40 y 100 funcionarios se elige una Junta de Personal con 5 representantes.

10. Los miembros de las Juntas de Personal y los Delegados de Personal de una unidad administrativa con menos de 100 funcionarios, tendrán derecho dentro de la jornada de trabajo, a un crédito de:

a) 8 horas mensuales.

b) 10 horas mensuales.

c) 12 horas mensuales.

d) 15 horas mensuales.

11. El mandato de los miembros de las Juntas de Personal y de los Delegados de Personal, en su caso, será de:

a) 3 años.

b) 4 años.

c) 5 años.

d) 7años.

12. Señala la opción correcta:

a) Las Juntas de Personal se elegirán mediante listas cerradas a través de un sistema proporcional corregido, y los Delegados de Personal mediante listas abiertas y sistema mayoritario.

b) Los Delegados de Personal se elegirán mediante listas cerradas a través de un sistema proporcional corregido, y las Juntas de Personal mediante listas abiertas y sistema mayoritario.

c) Tanto las Juntas de Personal como los Delegados de Personal se elegirán mediante listas cerradas a través de un sistema proporcional corregido.

d) Tanto las Juntas de Personal como los Delegados de Personal se elegirán mediante listas abiertas y sistema mayoritario.

13. Tal y como señala el artículo 50 del EBEP, los funcionarios públicos tendrán derecho a disfrutar, durante cada año natural, de unas vacaciones retribuidas de:

a) 1 mes.

b) 30 días naturales.

c) 22 días hábiles.

d) 30 días hábiles.

14. Los funcionarios públicos tendrán un permiso por matrimonio de:

a) 10 días.

b) 15 días.

c) 20 días.

d) 30 días.

15. Por regla general, el permiso a la funcionaria por parto, tiene una duración de:

a) 8 semanas.
b) 14 semanas.
c) 16 semanas.
d) 20 semanas.

16. La sanción de separación del servicio:

a) Se podrá imponer por la comisión de faltas muy graves o graves.
b) No podrá ser superior a 6 años.
c) Prescribirá a los 5 años.
d) Deberá acordarse por el Consejo de Gobierno.

17. Los Empleados Públicos:

a) Podrán voluntariamente acatar la Constitución y el resto de normas que integran el ordenamiento jurídico.
b) Podrán abstenerse en aquellos asuntos en los que tengan un interés personal.
c) Su actuación perseguirá la satisfacción de los intereses del Gobierno.
d) Guardarán secreto de las materias clasificadas.

18. El conjunto ordenado de oportunidades de ascenso y expectativas de progreso profesional conforme a los principios de igualdad, mérito y capacidad, se denomina:

a) Evaluación del desempeño.
b) Promoción profesional.
c) Promoción interna.
d) Carrera profesional.

19. Para tener derecho a la promoción interna, los funcionarios deberán tener una antigüedad de servicio activo en el inferior subgrupo o grupo de clasificación profesional, de al menos:

a) Dos años.
b) Tres años.
c) Cuatro años.
d) Cinco años.

20. ¿Cuál de las siguientes retribuciones complementarias corresponde al nivel del puesto que desempeñe el funcionario?

a) Complemento específico.
b) Complemento de destino.

c) Complemento de productividad.

d) Gratificación por servicios extraordinarios.

21. La potestad disciplinaria se ejercerá de acuerdo, entre otros, con el principio de:

a) Irretroactividad de las disposiciones sancionadoras favorables al presunto infractor.

b) Proporcionalidad aplicable a las sanciones pero no a la clasificación de las faltas.

c) Presunción de culpabilidad en el caso del personal directivo.

d) Legalidad y tipicidad de las faltas y sanciones, a través de la predeterminación normativa y, en el caso del personal laboral, de los convenios colectivos.

22. Se considera falta muy grave de los empleados públicos:

a) El incumplimiento del deber de respeto a la Constitución a los respectivos Estatutos de Autonomía de las Comunidades Autónomas en el ejercicio de la función pública.

b) El abuso de autoridad en el desempeño de sus funciones.

c) La tolerancia por los superiores jerárquicos de la comisión de faltas muy graves del personal bajo su dependencia.

d) Las acciones u omisiones dirigidas a evadir los sistemas de control de horarios o a impedir que sean detectados los incumplimientos injustificados de la jornada de trabajo.

23. Según la Ley 4/1993, las faltas disciplinarias muy graves prescriben:

a) Al año.

b) A los 6 años.

c) A los 5 años.

d) No prescriben mientras no se extinga la condición de personal funcionario de carrera.

24. El incumplimiento de lo dispuesto en las normas sobre compatibilidad cuando ello dé lugar a una situación de incompatibilidad se considerará:

a) Falta leve.

b) Falta grave.

c) Falta muy grave.

d) Falta grave o muy grave.

25. La suspensión firme por sanción disciplinaria no podrá exceder de:

a) 2 años.

b) 3 años.

c) 6 años.
d) 10 años.

26. El procedimiento normal de provisión de puestos de trabajo en la Administración Pública es:

a) La oposición.
b) La promoción interna.
c) El concurso.
d) La permuta.

27. La provisión de puestos de trabajo en cada Administración Pública se llevará a cabo por los procedimientos de:

a) Oposición y concurso-oposición.
b) Concurso, oposición y concurso-oposición.
c) Concurso y de libre designación con convocatoria pública.
d) Traslado forzoso y movilidad.

28. ¿Qué ley regula las incompatibilidades del Personal al Servicio de las Administraciones Públicas?

a) Ley 53/1984, de 26 de diciembre.
b) Ley 84/2003, de 5 de marzo.
c) Ley 34/2008, de 23 de septiembre.
d) Ley 55/1988, de 19 de octubre.

29. Los funcionarios adscritos a un puesto de trabajo por el procedimiento de libre designación:

a) No podrán ser removidos en ningún caso.
b) Podrán ser removidos en cualquier caso por la autoridad que los nombró.
c) Podrán ser removidos mediante resolución motivada.
d) Solo podrán ser removidos por sanción disciplinaria.

30. El incumplimiento de los plazos u otras disposiciones de procedimiento en materia de incompatibilidades, cuando no suponga el mantenimiento de una situación de incompatibilidad:

a) Tendrá la consideración de falta leve.
b) Tendrá la consideración de falta grave.
c) Tendrá la consideración de falta muy grave.
d) No tendrá la consideración de falta.

31. Será requisito necesario para autorizar la compatibilidad de actividades públicas a funcionarios del Grupo D, el que la cantidad total percibida por ambos puestos o actividades, no supere la correspondiente al principal, estimada en régimen de dedicación ordinaria, incrementada en:

a) Un 30 %.
b) Un 40 %.
c) Un 45 %.
d) Un 50 %.

32. Quienes accedan por cualquier título a un nuevo puesto del sector público que con arreglo a la Ley 53/1984 resulte incompatible con el que vinieran desempeñando habrán de optar por uno de ellos dentro del plazo:

a) De 10 días tras la toma de posesión en el segundo puesto.
b) De 30 días tras la incorporación al segundo puesto.
c) De 3 días tras la incorporación al segundo puesto.
d) De toma de posesión.

33. El abandono del servicio se considerará:

a) Falta leve.
b) Falta grave.
c) Falta muy grave.
d) Falta grave o muy grave.

34. Según la Ley 4/1993, anunciada convocatoria para la provisión de puestos de trabajo por libre designación, se concederá un plazo para la presentación de solicitudes de:

a) 15 días naturales.
b) 15 días hábiles.
c) 20 días naturales.
d) 20 días hábiles.

35. En relación a la concesión de permutas entre funcionarios de la Administración de la Comunidad Autónoma de Cantabria, es cierto que:

a) El grado personal consolidado de cada uno de los solicitantes no diferirá entre sí en más de un nivel.
b) No se autorizará la permuta entre funcionarios cuando a alguno de ellos le falten menos de diez años para cumplir la edad de jubilación forzosa.
c) No podrán concederse nuevas permutas hasta transcurridos cuatro años desde que se concedió una permuta anterior.
d) Los puestos de trabajo han de estar inscritos a una misma Consejería.

Solución al test n.º 8

1. a) A la inamovilidad en la condición de funcionario de carrera.

2. c) Participación institucional.

3. d) La determinación de condiciones de trabajo del personal directivo.

4. d) 50 funcionarios.

5. b) Participación institucional.

6. d) La buena fe.

7. d) Al 40 % del colectivo convocado.

8. b) Los Delegados de Personal y las Juntas de Personal.

9. c) 3.

10. d) 15 horas mensuales.

11. b) 4 años.

12. a) Las Juntas de Personal se elegirán mediante listas cerradas a través de un sistema proporcional corregido, y los Delegados de Personal mediante listas abiertas y sistema mayoritario.

13. c) 22 días hábiles.

14. b) 15 días.

15. c) 16 semanas.

16. d) Deberá acordarse por el Consejo de Gobierno.

17. d) Guardarán secreto de las materias clasificadas.

18. d) Carrera profesional.

19. a) Dos años.

20. b) Complemento de destino.

21. d) Legalidad y tipicidad de las faltas y sanciones, a través de la predeterminación normativa y, en el caso del personal laboral, de los convenios colectivos.

22. a) El incumplimiento del deber de respeto a la Constitución a los respectivos Estatutos de Autonomía de las Comunidades Autónomas en el ejercicio de la función pública.

23. b) A los 6 años.

24. c) Falta muy grave.

25. c) 6 años.

26. c) El concurso.

27. c) Concurso y de libre designación con convocatoria pública.

28. a) Ley 53/1984, de 26 de diciembre.

29. c) Podrán ser removidos mediante resolución motivada.

30. b) Tendrá la consideración de falta grave.

31. c) Un 45 %.

32. d) De toma de posesión.

33. c) Falta muy grave.

34. b) 15 días hábiles.

35. b) No se autorizará la permuta entre funcionarios cuando a alguno de ellos le falten menos de diez años para cumplir la edad de jubilación forzosa.

TEST N.º 9

El Texto Refundido de la Ley General de la Seguridad Social: Normas generales del sistema de la Seguridad Social. Normas preliminares; campo de aplicación y estructura del sistema de la Seguridad Social; afiliación y cotización (Título I cap. I, II y secciones 1 y 2 del cap.III); acción protectora (Sección 1 y 2 Cap.IV del Título I); normas generales en materia de prestaciones (Capítulo I, Capítulo III y Capítulo IV del Título II)

1. El precepto constitucional básico que garantiza la existencia de un Sistema de Seguridad Social es:

a) Art.49 CE
b) Art.50 CE.
c) Art.41 CE.
d) Art.14 CE.

2. En el art.41 CE se hace referencia a una prestación concreta de Seguridad Social, ¿cuál es esta?

a) El desempleo.
b) La jubilación.
c) La incapacidad temporal.
d) Las prestaciones familiares.

3. Se financian a través de cotizaciones:

a) Las prestaciones contributivas.
b) Los servicios sociales.
c) Las prestaciones no contributivas.
d) Todas las anteriores.

4. ¿Cuál de las siguientes afirmaciones en relación a la protección que dispensa el nivel no contributivo es verdadera?

a) Es necesario acreditar que se han prestado servicios anteriormente por cuenta ajena.
b) Es preciso haber prestado servicios por cuenta propia.
c) No es necesario haber prestado servicios antes.
d) Es necesario acreditar haber estado incluido a lo largo de la vida en uno de los Regímenes del Sistema de Seguridad Social.

5. La competencia sobre el régimen económico de la Seguridad Social es ostentada por:

a) Las Comunidades Autónomas.
b) El Estado.
c) Compartida entre el Estado y las Comunidades Autónomas.
d) El Estado y, si no regulara una específica materia, podría hacerlo la Comunidad Autónoma.

6. Si empresario y trabajador acuerdan que las cuotas de Seguridad Social correspondientes a las aportaciones del trabajador serán asumidas íntegramente por el empresario, ese pacto es:

a) Nulo.
b) Anulable.
c) Válido.
d) Válido si se hace a través de documento notarial.

7. El Sistema de la Seguridad Social:

a) Se escinde en un Régimen General y un Régimen Especial.
b) Todas las personas pertenecen al Régimen General.
c) Existe un Régimen General y varios Regímenes Especiales.
d) La anterior, aun cuando se prevé que aparezcan nuevos Regímenes Especiales.

8. Los Regímenes Especiales del Sistema de Seguridad Social son:

a) Régimen General y Régimen Especial de Trabajadores Autónomos.
b) El anterior y el REMAR.
c) Los dos anteriores, el Régimen Especial de la Minería del Carbón, de Funcionarios y de Estudiantes.
d) La c) y el Régimen Especial Agrario y de Empleados del Hogar.

9. Una persona que trabaja por cuenta propia (tiene su propia clínica veterinaria) estaría incluida en:

a) Régimen General de la Seguridad Social.
b) Régimen Especial de la Seguridad Social.

c) Régimen Especial de Trabajadores Autónomos.

d) Puede elegir entre cualquiera de los Regímenes de Seguridad Social.

10. Una persona acaba de abandonar su trabajo, el que ha sido su empresario hasta el momento deberá:

a) Cursar una modificación de datos ante la Seguridad Social.

b) Proceder a su afiliación en Seguridad Social.

c) No tiene que hacer nada. Se encarga el trabajador.

d) Cursar la baja en el Régimen General de la Seguridad Social.

11. La afiliación es un acto de encuadramiento:

a) Vitalicio.

b) Válido para todo el territorio nacional.

c) Que se lleva a cabo una sola vez.

d) Todas son correctas.

12. Trabajador que se suma a una huelga legal:

a) Está de baja en Seguridad Social mientras dura la huelga.

b) Está en situación de alta real.

c) Se encuentra en situación asimilada al alta.

d) Es una situación de alta especial.

13. Un trabajador al que no se le dio de alta en el Régimen General de la Seguridad Social a pesar de ser obligatorio:

a) Está en situación de alta presunta.

b) Se encuentra en situación de alta real.

c) Está en situación asimilada al alta.

d) Está de baja, sin perjuicio de las reclamaciones que pueda instar frente al empresario.

14. Se presume *Iuris tantum* que estamos ante un accidente de trabajo:

a) Si tiene una lesión en el puesto de trabajo.

b) Si tiene una enfermedad o lesión en el puesto de trabajo.

c) La b) cuando, además, sea en tiempo de trabajo.

d) No existe esta presunción.

15. No existe accidente de trabajo si se prueba:

a) Que el accidente fue por imprudencia profesional de la víctima.

b) Que el accidente fue como consecuencia de la insolación o rayo.

c) Si el accidentado incurrió en imprudencia temeraria.

d) No hay causas de exclusión. Todo lo que le ocurre al trabajador es accidente laboral.

16. Procede el recargo de prestaciones:

a) Ante toda lesión que sufre el trabajador.

b) Si sufrió un accidente de trabajo o enfermedad profesional.

c) Aparte de la anterior el trabajador ha de ser acreedor de una prestación de Seguridad Social.

d) No podría otorgarse en el supuesto de que el accidente se hubiera ocasionado (aunque sea en parte) por culpa del trabajador.

Solución al test n.º 9

1. c) Art.41 CE.

2. a) El desempleo.

3. a) Las prestaciones contributivas.

4. b) Es preciso haber prestado servicios por cuenta propia.

5. a) Las Comunidades Autónomas.

6. a) Nulo.

7. c) Existe un Régimen General y varios Regímenes Especiales.

8. c) Los dos anteriores, el Régimen Especial de la Minería del Carbón, de Funcionarios y de Estudiantes.

9. c) Régimen Especial de Trabajadores Autónomos.

10. d) Cursar la baja en el Régimen General de la Seguridad Social.

11. d) Todas son correctas.

12. d) Es una situación de alta especial.

13. a) Está en situación de alta presunta.

14. c) La b) cuando, además, sea en tiempo de trabajo.

15. c) Si el accidentado incurrió en imprudencia temeraria.

16. c) Aparte de la anterior el trabajador ha de ser acreedor de una prestación de Seguridad Social.

TEST N.º 10

Ley de Cantabria 1/2018, de 21 de marzo, de Transparencia de la Actividad Pública (Títulos I a III)

1. Señala la opción incorrecta. Según el Preámbulo de la Ley 19/2013, de 9 de diciembre, de transparencia, acceso a la información pública y buen gobierno, los ejes fundamentales de toda acción política deben ser:

a) La publicidad activa.
b) La transparencia.
c) El acceso a la información pública.
d) Las normas de buen gobierno.

2. Según el artículo 2 de la Ley de Cantabria 1/2018, de 21 de marzo, de Transparencia de la Actividad Pública, la información pública que se suministre, siempre que sea posible, ha de ajustarse rigurosamente al contenido de la petición del solicitante, en virtud del principio de:

a) Reutilización.
b) Veracidad.
c) Seguridad.
d) Utilidad.

3. En lo que respecta a la publicidad activa, la Ley 1/2018, de 21 de marzo, es aplicable a las entidades privadas y las entidades de iniciativa social que perciban durante el período de un año ayudas o subvenciones públicas en una cuantía superior a:

a) 5.000 euros.
b) 15.000 euros.
c) 20.000 euros.
d) 25.000 euros.

4. La obligación de difundir la información pública y de garantizar la transparencia de la actividad pública de oficio, de forma permanente y veraz, es lo que se denomina:

a) Publicidad abierta.
b) Publicidad objetiva.
c) Publicidad activa.
d) Publicidad oficial.

5. Las Administraciones Públicas de Cantabria están obligadas a publicar los planes y programas anuales y plurianuales de la actividad de sus distintos órganos, en el plazo, desde su aprobación, de:

a) 1 mes.
b) 2 meses.
c) 3 meses.
d) 6 meses.

6. Los sujetos enumerados en el artículo 4 de la Ley 1/2018 deberán hacer pública, respecto de los miembros del Gobierno, altos cargos y asimilados de los entes integrantes del sector público, así como los miembros de las corporaciones locales y personas que desempeñan puestos considerados de confianza o de asesoramiento especial, los órganos colegiados y consejos de dirección y administración de organismos públicos y sociedades mercantiles en los que participen o hayan participado en los últimos:

a) 3 años.
b) 4 años.
c) 5 años.
d) 6 años.

7. El Registro de Actividades e Intereses de los Altos Cargos de la Administración de la Comunidad Autónoma de Cantabria quedará depositado en:

a) El Registro Electrónico General.
b) El Archivo de la Comunidad Autónoma de Cantabria.
c) La Oficina de Atención Ciudadana.
d) La Inspección General de Servicios.

8. Las Administraciones Públicas de Cantabria deberán hacer público el informe de carácter trimestral sobre la deuda pública de los últimos:

a) 4 años.
b) 5 años.
c) 7 años.
d) 10 años.

9. En relación al Consejo de Transparencia de Cantabria, es cierto que:

a) Debe elaborar semestralmente una memoria en la que se incluirá información sobre el cumplimiento de las obligaciones previstas y que se presentará ante el Parlamento de Cantabria.
b) Actuará en el cumplimiento de sus fines con dependencia del Parlamento de Cantabria.
c) Es un órgano con personalidad jurídica propia y plena capacidad de obrar.
d) Aprobar las resoluciones en materia de acceso a la información.

10. ¿A qué órgano corresponde la dirección de todas las actuaciones precisas en materia de transparencia institucional e información pública de la Administración de la Comunidad Autónoma de Cantabria?

a) Al Consejo de Transparencia de Cantabria.
b) A la Inspección General de Servicios.
c) A la Dirección General de Simplificación Administrativa, Transparencia y Participación Ciudadana.
d) A la Oficina de Atención Ciudadana.

11. El Gobierno de Cantabria elaborará y publicará en el Portal de transparencia de Cantabria un informe respecto al grado de cumplimiento de los acuerdos que afecten a sus competencias aprobados por el Parlamento en ese año, de forma:

a) Mensual.
b) Trimestral.
c) Semestral.
d) Anual.

12. Corresponde recibir y tramitar las solicitudes de acceso a la información dirigidas a su Consejería:

a) A los Consejeros.
b) A los Secretarios Generales.
c) A los Directores Generales.
d) A los Subdirectores Generales.

13. El Gobierno de Cantabria presentará ante el Parlamento de Cantabria un informe sobre el cumplimiento de la transparencia de la actividad pública en Cantabria, con carácter:

a) Mensual.
b) Trimestral.
c) Semestral.
d) Anual.

14. Señala la opción incorrecta. El derecho de acceso a la información pública podrá ser limitado cuando acceder a la información suponga un perjuicio para:

a) Los intereses económicos y comerciales.
b) La garantía de la confidencialidad o el secreto requerido en procesos de toma de decisión.
c) El honor de los funcionarios o cargos directivos.
d) La protección del medio ambiente.

15. Señala la opción incorrecta. La solicitud de acceso a la información pública podrá presentarse por cualquier medio que permita tener constancia de:

a) La identidad del solicitante.
b) La información que se solicita.
c) Una dirección de contacto, preferentemente electrónica, a efectos de comunicaciones.
d) La motivación de la solicitud.

16. No es una causa de inadmisión de las solicitudes de acceso a la información pública:

a) Que se refieran a información que esté en curso de elaboración o de publicación general.
b) Que se dirijan a un órgano en cuyo poder no obre la información.
c) Que sean manifiestamente repetitivas.
d) Que se refieran a información para cuya divulgación sea necesaria una acción previa de reelaboración.

17. Cuando la solicitud de información pública no identifique de forma suficiente la información, se pedirá al solicitante que la concrete en un plazo de:

a) 10 días hábiles.
b) 15 días naturales.
c) 20 días hábiles.
d) 30 días naturales.

18. La resolución en la que se conceda o deniegue el acceso a información pública deberá notificarse al solicitante y a los terceros afectados que así lo hayan solicitado en el plazo máximo, desde la recepción de la solicitud por el órgano competente para tramitar, de:

a) 10 días.
b) 15 días.
c) 20 días.
d) 1 mes.

19. El acceso a la información pública se realizará preferentemente por vía electrónica, salvo cuando no sea posible o el solicitante haya señalado expresamente otro medio. Cuando no pueda darse el acceso en el momento de la notificación de la resolución deberá otorgarse, en cualquier caso, en un plazo no superior a:

a) 5 días hábiles.
b) 7 días hábiles.
c) 10 días hábiles.
d) 15 días naturales.

20. Frente a toda resolución expresa o presunta en materia de acceso podrá interponerse una reclamación ante el Consejo de Transparencia de Cantabria, con carácter potestativo y previo a su impugnación en vía contencioso-administrativa. El plazo máximo para resolver y notificar la resolución será de:

a) 15 días.
b) 1 mes.
c) 3 meses.
d) 6 meses.

21. Según lo previsto en el artículo 18 de la Ley 19/2013, de 9 de diciembre, de transparencia, acceso a la información pública y buen gobierno, se inadmitirán a trámite, mediante resolución motivada, las solicitudes de acceso a la información:

a) Relativas a los intereses económicos y turísticos.
b) Relativas a la garantía de la confidencialidad o el secreto requerido en procesos de toma de decisión.
c) Relativas a información para cuya divulgación sea necesaria una acción previa de reelaboración.
d) Relativas a infraestructuras críticas.

22. El acceso a la información pública requiere:

a) Solicitud previa.
b) Acreditación de la condición de interesado.
c) Motivación expresa.
d) La utilización de medios telemáticos.

23. Cuando la información pública solicitada no contuviera datos especialmente protegidos, el órgano al que se dirija la solicitud concederá el acceso previa .... suficientemente razonada del interés público en la divulgación de la información y los derechos de los afectados cuyos datos aparezcan en la información solicitada, en particular su derecho fundamental a la protección de datos de carácter personal. Señala la palabra que falta:

a) Catalogación.
b) Acreditación.

c) Ponderación.
d) Identificación.

24. Conforme al artículo 14 de la Ley 1/2018, cuando la información solicitada pudiera afectar a derechos o intereses de terceros, identificables o debidamente identificados, se les concederá un plazo para que puedan realizar las alegaciones que estimen oportunas, de:

a) 10 días hábiles.
b) 15 días hábiles.
c) 20 días naturales.
d) 1 mes.

25. ¿Cuál de las siguientes es una condición general para la reutilización de la información publicada en la correspondiente sede electrónica, portal o página web de un organismo de la Administración General de la Comunidad Autónoma de Cantabria?

a) Que se pueda desnaturalizar el sentido de la información.
b) Que el contenido de la información no sea alterado, con excepción de sus metadatos.
c) Que se evite citar la fuente.
d) Que se mencione la fecha de la última actualización.

Solución al test n.º 10

1. a) La publicidad activa.

2. d) Utilidad.

3. d) 25.000 euros.

4. c) Publicidad activa.

5. a) 1 mes.

6. b) 4 años.

7. d) La Inspección General de Servicios.

8. d) 10 años.

9. c) Es un órgano con personalidad jurídica propia y plena capacidad de obrar.

10. c) A la Dirección General de Simplificación Administrativa, Transparencia y Participación Ciudadana.

11. b) Trimestral.

12. b) A los Secretarios Generales.

13. d) Anual.

14. c) El honor de los funcionarios o cargos directivos.

15. d) La motivación de la solicitud.

16. b) Que se dirijan a un órgano en cuyo poder no obre la información.

17. a) 10 días hábiles.

18. d) 1 mes.

19. c) 10 días hábiles.

20. c) 3 meses.

21. c) Relativas a información para cuya divulgación sea necesaria una acción previa de reelaboración.

22. a) Solicitud previa.

23. c) Ponderación.

24. b) 15 días hábiles.

25. d) Que se mencione la fecha de la última actualización.

Ley 31/1995, de 8 de noviembre, de Prevención de Riesgos Laborales: Capítulo I: objeto, ámbito de aplicación y definiciones; Capítulo II: Política en materia de prevención de riesgos para proteger la seguridad y la salud en el trabajo. Capítulo III: derechos y obligaciones

1. ¿Qué se entiende por "riesgo laboral"?

a) La posibilidad de que un trabajador sufra un determinado daño derivado del trabajo.
b) La posibilidad de que un trabajador sufra una enfermedad en el trabajo.
c) La posibilidad de que un trabajador sufra acoso.
d) El riesgo que supone el ir a trabajar.

2. Indica cuál es la definición de prevención:

a) La probabilidad racional de que un riesgo se materialice de forma inminente.
b) El estudio de los procesos potencialmente peligrosos para el trabajo.
c) Conjunto de actividades o medidas adoptadas o previstas en todas las fases de actividad de la empresa con el fin de evitar o disminuir los riesgos derivados del trabajo.
d) Posibilidad de que un trabajador sufra un determinado daño derivado del trabajo.

3. Según establece el art. 4 de la Ley 31/1995, de 8 de noviembre, de Prevención de Riesgos Laborales, se define como daños derivados del trabajo:

a) La posibilidad de que un trabajador sufra un determinado daño derivado del trabajo.
b) El que resulte probable racionalmente que se materialice en un futuro inmediato y pueda suponer y pueda suponer un daño grave para la salud de los trabajadores.
c) Las enfermedades, patologías o lesiones sufridas con motivo u ocasión del trabajo.
d) Cualquier máquina, aparato, instrumento o instalación utilizada en el trabajo.

4. El objeto y carácter de la norma de la Ley 31/95 de Prevención de Riesgos Laborales dice:

a) La presente Ley tiene por objeto promover la salud de los trabajadores mediante la aplicación de medidas y el desarrollo de las actividades necesarias para la prevención de riesgos derivados del trabajo.

b) La presente Ley tiene por objeto promover la seguridad y la salud de los trabajadores mediante la aplicación de medidas y el desarrollo de las actividades necesarias para la prevención de riesgos derivados del trabajo.

c) La presente Ley tiene por objeto promover la seguridad de los trabajadores mediante la aplicación de medidas y el desarrollo de las actividades necesarias para la prevención de riesgos derivados del trabajo.

d) La presente Ley tiene por objeto promover la seguridad, la salud de los trabajadores y la negociación entre empresa y delegados de prevención, mediante la aplicación de medidas y el desarrollo de las actividades necesarias para la prevención de riesgos derivados del trabajo.

5. Cualquier característica del trabajo que pueda tener una influencia significativa en la generación de riesgos para la seguridad y la salud del trabajador, es:

a) Una condición de trabajo.
b) Un factor de riesgo.
c) Un proceso potencialmente peligroso.
d) Una zona peligrosa.

6. Toda lesión corporal que el trabajador sufra con ocasión del trabajo que ejerza por cuenta ajena:

a) Es un riesgo laboral.
b) Es un accidente.
c) Es una enfermedad profesional.
d) Es una simple circunstancia.

7. Señala la respuesta incorrecta:

a) La Ley de Prevención de Riesgos Laborales se aplica a los operativos de Seguridad civil en casos de catástrofe.

b) La Ley de Prevención de Riesgos Laborales se aplica a las sociedades cooperativas.

c) En el ámbito de la relación laboral de carácter especial del servicio del hogar familiar, las personas trabajadoras tienen derecho a una protección eficaz en materia de seguridad y salud en el trabajo.

d) En los establecimientos penitenciarios, se adaptarán a la Ley de Prevención de Riesgos Laborales aquellas actividades cuyas características justifiquen una regulación especial.

8. Para calificar un riesgo desde el punto de vista de su gravedad, se valorarán conjuntamente la severidad del daño y:

a) La probabilidad de que se produzca.
b) La cantidad de trabajadores de la empresa.
c) La existencia o no de equipos individuales de protección.
d) Las condiciones de trabajo.

9. Según el artículo 5 de la Ley 31/1995, la política en materia de prevención tendrá por objeto la .... de la mejora de las condiciones de trabajo dirigida a elevar el nivel de protección de la seguridad y la salud de los trabajadores en el trabajo. Señalar la palabra que falta:

a) Revisión.
b) Normalización.
c) Regulación.
d) Promoción.

10. Con el objetivo de detectar y prevenir posibles situaciones en las que los daños derivados del trabajo puedan aparecer vinculados con el sexo de los trabajadores, las Administraciones Públicas promoverán la efectividad del principio de:

a) Corresponsabilidad.
b) Igualdad entre mujeres y hombres.
c) Discriminación positiva.
d) Protección de la maternidad.

11. Conforme al artículo 8.3 de la Ley 31/1995, el Instituto Nacional de Seguridad y Salud en el Trabajo actuará en relación con las instituciones de la Unión Europea:

a) Como centro de referencia nacional.
b) Como órgano controlador de la normativa europea.
c) Como centro interpretativo.
d) Como órgano regulativo.

12. Según el artículo 11 de la Ley 31/1995, la elaboración de normas preventivas y el control de su cumplimiento, la promoción de la prevención, la investigación y la vigilancia epidemiológica sobre riesgos laborales, accidentes de trabajo y enfermedades profesionales determinan la necesidad de .... las actuaciones de las Administraciones competentes en materia laboral, sanitaria y de industria para una más eficaz protección de la seguridad y la salud de los trabajadores. Señalar la palabra que falta:

a) Registrar.
b) Inspeccionar.
c) Coordinar.
d) Divulgar.

13. En virtud del artículo 12 de la Ley 31/1995, es principio básico de la política de prevención de riesgos laborales, a desarrollar por las Administraciones públicas competentes en los distintos niveles territoriales:

a) La coordinación de empresarios y trabajadores, a través de las organizaciones empresariales y sindicales más representativas, en la planificación, programación, organización y control de la gestión relacionada con la mejora de las condiciones de trabajo y la protección de la seguridad y salud de los trabajadores en el trabajo.

b) La participación de empresarios y trabajadores, a través de las organizaciones empresariales y sindicales más representativas, en la planificación, programación, organización y control de la gestión relacionada con la mejora de las condiciones de trabajo y la protección de la seguridad y salud de los trabajadores en el trabajo.

c) El acuerdo de empresarios y trabajadores, a través de las organizaciones empresariales y sindicales más representativas, en la planificación, programación, organización y control de la gestión relacionada con la mejora de las condiciones de trabajo y la protección de la seguridad y salud de los trabajadores en el trabajo.

d) El arbitraje de empresarios y trabajadores, a través de las organizaciones empresariales y sindicales más representativas, en la planificación, programación, organización y control de la gestión relacionada con la mejora de las condiciones de trabajo y la protección de la seguridad y salud de los trabajadores en el trabajo.

14. La regulación de los requisitos mínimos que deben reunir las condiciones de trabajo para la protección de la seguridad y la salud de los trabajadores, corresponde a:

a) Las Cortes Generales.

b) El Gobierno de la nación, previa consulta a las organizaciones sindicales y empresariales más representativas.

c) El Consejo de Gobierno de cada Comunidad Autónoma; por delegación del Consejo de Ministros.

d) Los Convenios Colectivos.

15. Las normas reglamentarias en materia de prevención las dicta:

a) El Gobierno, a través de las correspondientes normas reglamentarias y previa consulta a las organizaciones sindicales y empresariales más representativas.

b) Los Delegados de Prevención.

c) Los Delegados de Prevención y el Empresario.

d) El Empresario.

16. La Comisión Nacional de Seguridad y Salud en el Trabajo, está compuesta por:

a) Representantes de las organizaciones sindicales y empresariales.

b) Un representante de cada una de las Comunidades Autónomas y representantes de las organizaciones sindicales y empresariales.

c) Representantes de la Administración y representantes de las organizaciones sindicales y empresariales.

d) Un representante de cada una de las Comunidades Autónomas y por igual número de miembros de la Administración General del Estado y, paritariamente con todos los anteriores, por representantes de las organizaciones empresariales y sindicales más representativas.

17. La función de vigilancia y control de la normativa sobre prevención de riesgos laborales corresponde:

a) A la Dirección General de Personal y Desarrollo Profesional.
b) A la Delegación Provincial de Trabajo.
c) A la Inspección de Trabajo y Seguridad Social.
d) Al Servicio de Medicina Preventiva.

18. El órgano científico técnico especializado de la Administración General del Estado que tiene como misión el análisis y estudio de las condiciones de seguridad y salud en el trabajo, así como la promoción y apoyo a la mejora de las mismas, es:

a) El Instituto Nacional de Seguridad y Salud en el Trabajo.
b) La Comisión Nacional de Seguridad y Salud en el Trabajo.
c) El Instituto Carlos III.
d) El Centro Nacional de Promoción y Cuidados de la Salud.

19. ¿Quién debe garantizar a los trabajadores la vigilancia periódica de su estado de salud en función de los riesgos inherentes al trabajo?

a) La Inspección de Trabajo.
b) El propio trabajador.
c) El empresario.
d) Las secciones sindicales.

20. El derecho básico reconocido a los trabajadores por la Ley 31/1995, de 8 de noviembre, es:

a) La vigilancia de su estado de salud.
b) Una protección eficaz en materia de seguridad y salud en el trabajo.
c) La formación en materia preventiva.
d) La información, consulta y participación.

21. Entre los principios de la acción preventiva recogidos por el artículo 15 de la Ley de Prevención de Riesgos Laborales, no figura:

a) Evitar los riesgos.
b) Evaluar los riesgos que se puedan evitar.

c) Tener en cuenta la evolución de la técnica.

d) Dar las debidas instrucciones a los trabajadores.

22. Es un instrumento esencial para la gestión y aplicación del Plan de preven-ción de riesgos laborales:

a) La jerarquización de la estructura preventiva.

b) La elección de los equipos de trabajo.

c) La evaluación de riesgos.

d) La vigilancia de la salud.

23. La prevención de riesgos laborales deberá integrarse en el sistema general de gestión de la empresa a través de:

a) La política preventiva.

b) El plan de prevención.

c) El consenso de las partes.

d) El poder de decisión del empresario.

24. Podrán realizar el plan de prevención de riesgos laborales, la evaluación de riesgos y la planificación de la actividad preventiva de forma simplificada, en aten-ción a la naturaleza y peligrosidad de las actividades realizadas, empresas cuyo nú-mero de trabajadores no exceda de:

a) 30.

b) 50.

c) 80.

d) 100

25. En relación a la vigilancia de la salud que ha de garantizar el empresario, el acceso a la información médica de carácter personal:

a) Se limitará al empresario y a los Servicios de Prevención propios.

b) Se limitará al Jefe inmediato del trabajador.

c) Sólo será accesible al propio trabajador.

d) Se limitará al personal médico y a las autoridades sanitarias que lleven a cabo la vigilancia.

26. En relación a la vigilancia de la salud, no es cierto que:

a) El derecho a la vigilancia periódica del estado de salud puede prolongarse más allá de la finalización de la relación laboral.

b) Las medidas de vigilancia y control se llevarán a cabo por personal sanitario.

c) Los resultados de la vigilancia de la salud serán comunicados a los representantes de los trabajadores.

d) Se deberá optar por la realización de aquellos reconocimientos o pruebas que causen las menores molestias al trabajador.

27. El empresario garantizará a los trabajadores a su servicio la vigilancia periódica de su estado de salud:

a) Que deberá prolongarse más allá de la finalización de la relación laboral.

b) Solamente si la duración de la relación de trabajo temporal es superior a los tres meses.

c) Solamente si la duración de la relación de trabajo temporal es superior a los seis meses.

d) Excepto a los contratados por empresas de trabajo temporal.

28. Según la Ley de Prevención de Riesgos Laborales, es obligación de los trabajadores en materia de prevención de riesgos:

a) La protección eficaz en materia de seguridad y salud en el trabajo.

b) Utilizar correctamente los medios y equipos de protección facilitados por el empresario, de acuerdo con las instrucciones recibidas de éste.

c) Soportar el coste de las medidas relativas a la seguridad y la salud en el trabajo.

d) Desarrollar una acción permanente de seguimiento de la actividad preventiva.

29. En los casos de concurrencia de trabajadores de varias empresas en un centro de trabajo cuando existe un empresario principal, uno de los deberes de vigilancia por parte de éste, consistirá en:

a) Impulsar la regulación de esquemas organizativos, que eviten los accidentes de trabajo.

b) Comprobar que las empresas contratistas y subcontratistas concurrentes en su centro de trabajo han establecido los necesarios medios de coordinación entre ellas.

c) Asegurar la correcta utilización por parte de los trabajadores de las empresas concurrentes de los correspondientes dispositivos de seguridad disponibles.

d) Asegurarse de que los trabajadores concurrentes disponen de la formación preventiva correspondiente.

30. Cuando los trabajadores estén expuestos a un riesgo grave e inminente con ocasión de su trabajo, y el empresario no adopte o no permita la adopción de las medidas necesarias para garantizar la seguridad y la salud de los trabajadores, la Ley 31/1995, de 8 de noviembre, de Prevención de Riesgos Laborales prevé que:

a) Los trabajadores afectados podrán paralizar la actividad.

b) El órgano de representación del personal instará formalmente al empresario a la adopción de las medidas necesarias.

c) Los Delegados de Prevención lo comunicarán a la autoridad laboral, que adoptará las medidas necesarias.

d) El órgano de representación de personal podrá acordar la paralización de la actividad.

31. El art. 21 de la LPRL establece los requisitos y el procedimiento para que los representantes legales de los trabajadores acuerden la paralización de la actividad de los trabajadores que están o puedan estar expuestos a un riesgo grave e inminente si el empresario no adopta las medidas necesarias para garantizar la seguridad y salud de los trabajadores. La medida será adoptada por:

a) Acuerdo por mayoría absoluta de sus miembros. Tal acuerdo será comunicado de inmediato a la empresa y a la autoridad laboral, la cual, en el plazo de 48 horas, anulará o ratificará la paralización acordada.

b) Acuerdo por mayoría de 2/3 de sus miembros. Tal acuerdo será comunicado de inmediato a la empresa y a la autoridad laboral, la cual, en el plazo de 24 horas, anulará o ratificará la paralización acordada.

c) Acuerdo por mayoría de sus miembros. Tal acuerdo será comunicado de inmediato a la empresa y a la autoridad laboral, la cual, en el plazo de 48 horas, anulará o ratificará la paralización acordada.

d) Acuerdo por mayoría de sus miembros. Tal acuerdo será comunicado de inmediato a la empresa y a la autoridad laboral, la cual, en el plazo de 24 horas, anulará o ratificará la paralización acordada.

32. El posible cambio de puesto de trabajo con riesgo para una trabajadora embarazada

a) Deberá realizarse en caso de imposibilidad de adaptación del propio puesto.

b) Se hará previo informe en tal sentido del Servicio de Prevención.

c) Se determinará por el empresario, y dará información a los representantes de los trabajadores.

d) Se extenderá al período de lactancia.

33. ¿Cuándo se deben utilizar los equipos de protección individual?

a) Siempre.

b) Cuando los riesgos no hayan sido evaluados.

c) Cuando los riesgos no se puedan evitar o no puedan limitarse.

d) Cuando el trabajador lo estime oportuno.

34. Según el artículo 19 de la Ley de Prevención de Riesgos Laborales, la formación teórica y práctica en materia preventiva deberá:

a) Impartirse en horario dentro de la jornada de trabajo.

b) Impartirse por igual en jornada de trabajo y fuera del horario de trabajo.

c) Impartirse, siempre que sea posible, dentro de la jornada de trabajo o, en su defecto, en otras horas, pero con el descuento en aquella del tiempo invertido en la misma.

d) La formación teórica siempre debe ser en horario dentro de la jornada de trabajo y la formación práctica puede impartirse tanto dentro como fuera de la jornada de trabajo.

35. Las trabajadoras embarazadas ¿tienen derecho a ausentarse del trabajo para la realización de exámenes prenatales y técnicas de preparación al parto?

a) Sí, con derecho a remuneración, previo aviso al empresario y justificación de la necesidad de su realización dentro de la jornada de trabajo.

b) Sí, con derecho a remuneración, sin necesidad de avisar al empresario ni justificar la necesidad de su realización dentro de la jornada de trabajo.

c) Sí, sin derecho a remuneración, previo aviso al empresario y justificación de la necesidad de su realización dentro de la jornada de trabajo.

d) No, en ningún caso.

Solución al test n.º 11

1. a) La posibilidad de que un trabajador sufra un determinado daño derivado del trabajo.

2. c) Conjunto de actividades o medidas adoptadas o previstas en todas las fases de actividad de la empresa con el fin de evitar o disminuir los riesgos derivados del trabajo.

3. c) Las enfermedades, patologías o lesiones sufridas con motivo u ocasión del trabajo.

4. b) La presente Ley tiene por objeto promover la seguridad y la salud de los trabajadores mediante la aplicación de medidas y el desarrollo de las actividades necesarias para la prevención de riesgos derivados del trabajo.

5. a) Una condición de trabajo.

6. b) Es un accidente.

7. a) La Ley de Prevención de Riesgos Laborales se aplica a los operativos de Seguridad civil en casos de catástrofe.

8. a) La probabilidad de que se produzca.

9. d) Promoción.

10. b) Igualdad entre mujeres y hombres.

11. a) Como centro de referencia nacional.

12. c) Coordinar.

13. b) La participación de empresarios y trabajadores, a través de las organizaciones empresariales y sindicales más representativas, en la planificación, programación, organización y control de la gestión relacionada con la mejora de las condiciones de trabajo y la protección de la seguridad y salud de los trabajadores en el trabajo.

14. b) El Gobierno de la nación, previa consulta a las organizaciones sindicales y empresariales más representativas.

15. a) El Gobierno, a través de las correspondientes normas reglamentarias y previa consulta a las organizaciones sindicales y empresariales más representativas.

16. d) Un representante de cada una de las Comunidades Autónomas y por igual número de miembros de la Administración General del Estado y, paritariamente con todos los anteriores, por representantes de las organizaciones empresariales y sindicales más representativas.

17. c) A la Inspección de Trabajo y Seguridad Social.

18. a) El Instituto Nacional de Seguridad y Salud en el Trabajo.

19. c) El empresario.

20. b) Una protección eficaz en materia de seguridad y salud en el trabajo.

21. b) Evaluar los riesgos que se puedan evitar.

22. c) La evaluación de riesgos.

23. b) El plan de prevención.

24. b) 50.

25. d) Se limitará al personal médico y a las autoridades sanitarias que lleven a cabo la vigilancia.

26. c) Los resultados de la vigilancia de la salud serán comunicados a los representantes de los trabajadores.

27. a) Que deberá prolongarse más allá de la finalización de la relación laboral.

28. b) Utilizar correctamente los medios y equipos de protección facilitados por el empresario, de acuerdo con las instrucciones recibidas de éste.

29. b) Comprobar que las empresas contratistas y subcontratistas concurrentes en su centro de trabajo han establecido los necesarios medios de coordinación entre ellas.

30. d) El órgano de representación de personal podrá acordar la paralización de la actividad.

31. d) Acuerdo por mayoría de sus miembros. Tal acuerdo será comunicado de inmediato a la empresa y a la autoridad laboral, la cual, en el plazo de 24 horas, anulará o ratificará la paralización acordada.

32. a) Deberá realizarse en caso de imposibilidad de adaptación del propio puesto.

33. c) Cuando los riesgos no se puedan evitar o no puedan limitarse.

34. c) Impartirse, siempre que sea posible, dentro de la jornada de trabajo o, en su defecto, en otras horas, pero con el descuento en aquella del tiempo invertido en la misma.

35. a) Sí, con derecho a remuneración, previo aviso al empresario y justificación de la necesidad de su realización dentro de la jornada de trabajo.

La Ley orgánica 3/2007, de 22 de marzo, para la igualdad efectiva de mujeres y hombres: Título Preliminar, Objeto de la Ley; Título I, El principio de igualdad y la tutela contra la discriminación. La Ley orgánica 1/2004, de 28 de diciembre, de medidas de protección integral contra la violencia de género: Título Preliminar. Especial referencia a la normativa de la Comunidad Autónoma de Cantabria en estas materias

1. El objeto y el ámbito de aplicación de la Ley para la Igualdad efectiva entre Mujeres y Hombres, vienen recogidos en su:

a) Disposición Final Primera.
b) Disposición Adicional Primera.
c) Título Primero.
d) Título Preliminar.

2. Según su artículo 1, la LO 3/2007 tiene por objeto hacer efectivo el derecho de:

a) Conciliación de la vida laboral y familiar de mujeres y hombres.
b) Igualdad de trato y de oportunidades entre mujeres y hombres.
c) Participación en los asuntos públicos en igualdad de condiciones.
d) No discriminación por razón de sexo.

3. Las obligaciones establecidas en la LO 3/2007 son de aplicación a:

a) A toda persona, física o jurídica, que se encuentre o actúe en territorio español, cualquiera que fuese su nacionalidad, domicilio o residencia.
b) A todos los ciudadanos españoles, ya sea en territorio español o territorio de cualquier país extranjero.
c) A toda persona, física o jurídica, que se encuentre o actúe en territorio español, con nacionalidad española.
d) A toda persona, física o jurídica, que resida en territorio español, cualquiera que fuese su nacionalidad.

4. Según el artículo 4 de la LO 3/2007, la igualdad de trato y de oportunidades entre mujeres y hombres:

a) Es un deber de las Administraciones Públicas.
b) Es una fuente formal del Derecho.
c) Es un principio informador del ordenamiento jurídico.
d) Es un objetivo fundamental del procedimiento administrativo.

5. El principio de igualdad de trato y de oportunidades entre mujeres y hombres:

a) Sólo se aplica en el ámbito del empleo público.
b) Se garantizará incluso en el acceso al trabajo por cuenta propia.
c) No se aplica en la afiliación y participación en organizaciones sindicales o empresariales.
d) Se garantizará en los términos que prevean los convenios colectivos.

6. La situación en que se encuentra una persona que sea, haya sido o pudiera ser tratada, en atención a su sexo, de manera menos favorable que otra en situación comparable, se considera:

a) Discriminación directa.
b) Acoso sexual.
c) Discriminación indirecta.
d) Violencia de género.

7. Una diferencia de trato basada en una característica relacionada con el sexo ¿constituye discriminación en el acceso al empleo?

a) Sí, en todo caso.
b) No, siempre que la formación necesaria se base en dicha característica.
c) No, siempre que dicha característica constituya un requisito profesional esencial y determinante.
d) No, si debido a la naturaleza de las actividades profesionales concretas o al contexto en el que se lleven a cabo, dicha característica constituya un requisito profesional esencial y determinante, siempre y cuando el objetivo sea legítimo y el requisito proporcionado.

8. Conforme al artículo 6.3 de la LO 3/2007, toda orden de discriminar por razón de sexo:

a) Sólo se considera discriminatoria si se ordena discriminar directamente.
b) En ningún caso se puede considerar discriminatoria.
c) Sólo se considera discriminatoria si ordena una discriminación indirecta.
d) En cualquier caso se considera discriminatoria, sea directa o indirecta.

9. A los efectos de la LO 3/2007, definimos como acoso sexual:

a) Cualquier comportamiento realizado en función del sexo de una persona, con el propósito o el efecto de atentar contra su dignidad y de crear un entorno intimidatorio, degradante u ofensivo.

b) La situación en que una disposición, criterio o práctica aparentemente neutros pone a personas de un sexo en desventaja particular con respecto a personas del otro, salvo que dicha disposición, criterio o práctica puedan justificarse objetivamente en atención a una finalidad legítima y que los medios para alcanzar dicha finalidad sean necesarios y adecuados.

c) Todo trato desfavorable a las mujeres relacionado con el embarazo o la maternidad.

d) Cualquier comportamiento, verbal o físico, de naturaleza sexual que tenga el propósito o produzca el efecto de atentar contra la dignidad de una persona, en particular cuando se crea un entorno intimidatorio, degradante u ofensivo.

10. Según el artículo 8 de la LO 3/2007, todo trato desfavorable a las mujeres relacionado con el embarazo o la maternidad constituye:

a) Acoso sexual.

b) Acoso por razón de sexo.

c) Discriminación directa por razón de sexo.

d) Discriminación indirecta por razón de sexo.

11. Cualquier comportamiento realizado en función del sexo de una persona, con el propósito o el efecto de atentar contra su dignidad y de crear un entorno intimidatorio, degradante u ofensivo, constituye:

a) Discriminación directa.

b) Acoso sexual.

c) Acoso por razón de sexo.

d) Discriminación indirecta.

12. Conforme al artículo 7.4 de la LO 3/2007, el condicionamiento de un derecho o de una expectativa de derecho a la aceptación de una situación constitutiva de acoso sexual o de acoso por razón de sexo se considerará:

a) Acto de discriminación por razón de sexo.

b) Creación de un entorno intimidatorio, degradante u ofensivo.

c) Anulable y sin efecto.

d) Indemnizable.

13. En virtud del artículo 9 de la LO 3/2007, cualquier trato adverso o efecto negativo que se produzca en una persona como consecuencia de la presentación por su parte de queja, reclamación, denuncia, demanda o recurso, de cualquier tipo, destinados a impedir su discriminación y a exigir el cumplimiento efectivo del principio de igualdad de trato entre mujeres y hombres, se considerará:

a) Discriminación directa.

b) Discriminación por razón de sexo.

c) Injustificado.
d) Acoso sexual.

14. Para prevenir la realización de conductas discriminatorias en los actos y las cláusulas de los negocios jurídicos, el artículo 10 de la LO 3/2007 prevé la existencia de un sistema de sanciones eficaz y:

a) Proporcionado.
b) Comprensible.
c) Cuantificable.
d) Disuasorio.

15. Según el artículo 10 de la LO 3/2007, los actos y las cláusulas de los negocios jurídicos que constituyan o causen discriminación por razón de sexo se considerarán:

a) Válidos, pero anulables.
b) Nulos y sin efecto.
c) Ilegales.
d) Nulos, pero con efectos.

16. Con el fin de hacer efectivo el derecho constitucional de la igualdad, los Poderes Públicos adoptarán medidas específicas en favor de las mujeres para corregir situaciones patentes de desigualdad de hecho respecto de los hombres. Tales medidas, que serán aplicables en tanto subsistan dichas situaciones, habrán de ser en relación con el objetivo perseguido en cada caso razonables y:

a) Justificadas.
b) Autorizadas judicialmente.
c) Transparentes.
d) Proporcionadas.

17. Conforme al artículo 12 de la LO 3/2007, cualquier persona podrá recabar de los tribunales la tutela del derecho a la igualdad entre mujeres y hombres, de acuerdo con lo establecido en el artículo 53.2 de la Constitución:

a) Siempre que la relación en la que supuestamente se produce la discriminación se encuentre vigente.
b) Incluso tras la terminación de la relación en la que supuestamente se ha producido la discriminación.
c) Siempre que se haya dado por terminada la relación en la que supuestamente se produce la discriminación.
d) A menos que se haya procedido a la suspensión de la relación en la que supuestamente se produce la discriminación.

18. La capacidad y la legitimación para intervenir en los procesos civiles, sociales y contencioso-administrativos que versen sobre la defensa del derecho de igualdad entre mujeres y hombres, corresponden a:

a) La persona acosada, únicamente.
b) Cualquier ciudadano.
c) Las personas físicas y jurídicas con interés legítimo.
d) Cualquier persona jurídica.

19. La persona acosada será la única legitimada en los litigios:

a) Sobre discriminación directa.
b) Sobre acoso sexual y acoso por razón de sexo.
c) Sobre acoso sexual únicamente.
d) Únicamente sobre acoso por razón de sexo.

20. De acuerdo con las leyes procesales, en aquellos procedimientos en los que las alegaciones de la parte actora se fundamenten en actuaciones discriminatorias, por razón de sexo, corresponderá a la persona demandada probar la ausencia de discriminación en las medidas adoptadas y su proporcionalidad. A tales efectos, el órgano judicial:

a) A instancia de parte, podrá recabar, si lo estimase útil y pertinente, informe o dictamen de los organismos públicos competentes.
b) Deberá recabar informe o dictamen de los organismos públicos competentes.
c) De oficio, podrá recabar, si lo estimase útil y pertinente, informe o dictamen de los organismos públicos competentes.
d) De oficio o a instancia de parte, podrá recabar, si lo estimase útil y pertinente, informe o dictamen de los organismos públicos competentes.

21. La LO 1/2004 tiene por objeto:

a) Actuar contra la violencia que, como manifestación de la discriminación, la situación de desigualdad y las relaciones de poder de los hombres sobre las mujeres, se ejerce sobre éstas por parte de quienes sean o hayan sido sus cónyuges o de quienes estén o hayan estado ligados a ellas por relaciones similares de afectividad, aun sin convivencia.
b) Actuar contra la violencia que, como manifestación de la discriminación, la situación de desigualdad y las relaciones de poder de los hombres sobre las mujeres, se ejerce sobre éstas por parte de quienes sean o hayan sido sus cónyuges o de quienes estén o hayan estado ligados a ellas por relaciones similares de afectividad, siempre que exista convivencia.
c) Actuar contra la violencia que, como manifestación de la discriminación, la situación de desigualdad y las relaciones de poder de los hombres sobre las mujeres, se ejerce sobre éstas por parte de quienes sean sus cónyuges o de quienes estén ligados a ellas por relaciones similares de afectividad, siempre que exista convivencia.

d) Actuar contra la violencia que, como manifestación de la discriminación, la situación de desigualdad y las relaciones de poder de los hombres sobre las mujeres, se ejerce sobre éstas por parte de quienes sean sus cónyuges o de quienes estén ligados a ellas por relaciones similares de afectividad, aun sin convivencia.

22. La violencia de género a que se refiere la Ley Orgánica 1/2004, de 28 de diciembre:

a) Incluye las amenazas y las coacciones.
b) Incluye las amenazas y las coacciones solo cuando vayan acompañadas o seguidas de privación de libertad.
c) Incluye las amenazas, pero no las coacciones salvo que vayan seguidas de hechos violentos.
d) Incluye las coacciones pero no las amenazas salvo que vayan seguidas de hechos violentos.

23. Conforme al artículo 2 de la LO 1/2004, un principio rector de esta ley es consagrar los derechos de las mujeres víctimas de violencia de género exigibles ante las Administraciones Públicas, y así asegurar un acceso a los servicios establecidos al efecto, rápido, transparente y:

a) Eficaz.
b) Duradero.
c) Seguro.
d) Económico.

24. Según el artículo 2 de la LO 1/2004, uno de los fines a alcanzar a través del conjunto integral de medidas articulado en esta ley es, garantizar derechos económicos para las mujeres víctimas de violencia de género:

a) Así como establecer un sistema para la más eficaz coordinación de los servicios ya existentes a nivel municipal y autonómico.
b) Para asegurar la prevención de los hechos de violencia de género.
c) Con el fin de facilitar su integración social.
d) Promoviendo la colaboración y participación de las entidades, asociaciones y organizaciones que desde la sociedad civil actúan contra la violencia de género.

25. ¿Cuál es el órgano destinado a detectar, analizar y proponer estrategias para corregir situaciones de desigualdad entre mujeres y hombres en la Comunidad Autónoma de Cantabria?

a) El Consejo de la Mujer.
b) La Comisión para la Igualdad de Género del Gobierno de Cantabria.
c) El Observatorio de Igualdad de Género.
d) La Dirección General de Igualdad y Mujer.

26. Conforme al artículo 16 de la Ley de Cantabria 2/2019, de 7 de marzo, para la igualdad efectiva entre mujeres y hombres, en el diseño, ejecución y evaluación de las políticas públicas, la Administración de la Comunidad autónoma de Cantabria integrará el enfoque de:

a) Género.
b) Interseccionalidad.
c) Transversalidad.
d) Impacto de género.

27. La Consejería competente en materia de igualdad de género elaborará un informe sobre el conjunto de las actuaciones puestas en marcha por la Administración de la Comunidad Autónoma de Cantabria, en relación con la efectividad del principio de igualdad entre mujeres y hombres:

a) Cada año.
b) Cada 2 años.
c) Cada 3 años.
d) Cada 4 años.

28. Según el artículo 23 de la Ley 2/2019, serán un elemento activo en la consecución efectiva del objetivo de la igualdad entre mujeres y hombres:

a) Los Presupuestos de la Comunidad Autónoma de Cantabria.
b) Los órganos de contratación.
c) Los proyectos de ley que apruebe el Gobierno de Cantabria.
d) Las estadísticas y estudios que lleve a cabo la Administración de la Comunidad Autónoma de Cantabria.

29. ¿Cuál es una de las medidas que la Administración de Cantabria debe adoptar para garantizar la igualdad en el empleo público?

a) Promover el teletrabajo.
b) Facilitar la conciliación sin menoscabo de la promoción profesional.
c) Incrementar los salarios para mujeres.
d) Eliminar los procesos de promoción interna.

30. ¿Qué establece el artículo 67 de la Ley 2/2019 en relación a las estadísticas de empleo público?

a) Que deben ser generales y no desagregadas.
b) Que deben estar desagregadas por sexos y actualizadas.
c) Que deben incluir la opinión de los empleados públicos.
d) Que deben ser elaboradas por un comité externo.

31. Según el artículo 71.3 de la Ley 2/2019 ¿Qué sucede si una aspirante a empleo público en Cantabria no puede completar las pruebas selectivas por estar embarazada o en periodo de maternidad?

a) Se cancela su candidatura.

b) Se anulan todas las pruebas superadas.

c) Se le permite continuar en el proceso selectivo en curso o en el siguiente que se convoque.

d) Debe presentar una nueva solicitud de empleo.

32. La Ley de Cantabria 1/2004, de 1 de abril, pretende contemplar la Prevención de la Violencia contra las Mujeres y la Protección a sus víctimas de manera:

a) Penal.

b) Social.

c) Sanitaria.

d) Integral.

33. Uno de los objetivos de la Ley 1/2004 es:

a) La detección precoz de la mujer que está siendo víctima de violencia.

b) La adopción de medidas integrales para la sensibilización, prevención y erradicación de la violencia de género.

c) El apoyo a la mujer en el desarrollo de sus derechos legalmente reconocidos.

d) El establecimiento de una pauta de actuación uniforme que permita la atención sanitaria de las mujeres víctimas de violencia así como sus hijos e hijas.

34. A los efectos de la Ley 1/2004, se consideran formas de violencia de género aquellos actos que están en función de:

a) La relación entre la víctima y el agresor.

b) Su tipificación como delito o falta penal o infracción administrativa por la legislación vigente.

c) El medio empleado y el resultado perseguido.

d) Las consecuencias sobre la víctima y su ámbito familiar.

35. Según la Ley 1/2004, se considera acoso sexual:

a) Cualquier acto de naturaleza sexual forzada por el agresor o no consentida por la víctima, abarcando la imposición, mediante la fuerza o con intimidación, de relaciones sexuales no consentidas y el abuso sexual, con independencia de que el agresor guarde o no relación conyugal, de pareja, afectiva o de parentesco con la víctima.

b) Las actitudes y comportamientos, incluida la exhibición ante ellas y la observación de las mismas realizada por un adulto para su propia satisfacción sexual o la de un tercero, bien empleando la manipulación emocional, el chantaje, las amenazas, el engaño o la violencia física.

c) Cualquier acto de fuerza contra el cuerpo de la mujer, con resultado o riesgo de producir lesión física o daño en la víctima.

d) Aquellas conductas consistentes en la solicitud de favores de naturaleza sexual, para sí o para una tercera persona, prevaliéndose el sujeto activo de una situación de superioridad laboral, docente o análoga, con el anuncio expreso o tácito a la víctima de causarle un mal relacionado con las expectativas que la víctima tenga en el ámbito de dicha relación, o bajo la promesa de una recompensa o premio en el ámbito de la misma.

36. La violencia de género a que se refiere la Ley 1/2004 comprende:

a) Malos tratos, agresiones de diversa índole, abusos, acoso y cualesquiera otras actuaciones o conductas que lesionen o sean susceptibles de lesionar la dignidad o integridad de la mujer.

b) Únicamente actos de violencia física.

c) Agresiones y abusos sexuales exclusivamente.

d) Conductas que impliquen contacto físico entre personas con vínculos familiares.

37. ¿Cuáles serán las condiciones por las que el Gobierno de Cantabria pondrá a disposición de las víctimas de violencia de género, sus hijos e hijas o personas sujetas a su tutela o acogimiento un centro de emergencia y acogida?

a) Siempre que la Dirección General del Servicio Jurídico, previa evaluación de las circunstancias por parte de la Consejería competente en materia de la Mujer así lo aconseje.

b) En aquellas situaciones en que, por su gravedad, urgencia o por carecer de recursos alternativos así lo requieran.

c) Cuando las víctimas lo soliciten.

d) Solo en aquellos casos en que exista constatación o sospecha fundada de daños físicos o psíquicos ocasionados por estas agresiones o abusos.

38. El Gobierno de Cantabria, en colaboración con otras Administraciones, garantizará asesoramiento jurídico y atención integral y gratuita a las víctimas de violencia de género o personas que legalmente las representen y a sus hijos e hijas o personas sujetas a su tutela o acogimiento, a través de:

a) Apoyo educativo a la unidad familiar.

b) Un centro de información y atención integral.

c) Información a las víctimas.

d) Planes de sensibilización.

39. Para proteger y asistir a las víctimas de violencia de género el Título V de la Ley 1/2004 establece las medidas que veremos a continuación. Señala la respuesta incorrecta:

a) Servicio de intervención en domicilio y servicio de intervención socioeducativa.

b) Personación de la Comunidad Autónoma de Cantabria en juicio.

c) Atención sanitaria.
d) Integración socio-laboral.

40. En el acceso a viviendas de promoción pública y a los programas de formación e inserción socio-laboral, tendrán carácter preferente y específico:

a) Las víctimas de violencia de género que tengan hijas e/o hijos.
b) Las mujeres víctimas de violencia de género que permanezcan o hayan finalizado ya las diferentes fases de acogimiento en los dos años anteriores.
c) Las víctimas de violencia de género mayores de 45 años.
d) Todas las mujeres que se encuentren en el centro de acogimiento o en el año posterior a su salida del mismo.

Solución al test n.º 12

1. d) Título Preliminar.

2. b) Igualdad de trato y de oportunidades entre mujeres y hombres.

3. a) A toda persona, física o jurídica, que se encuentre o actúe en territorio español, cualquiera que fuese su nacionalidad, domicilio o residencia.

4. c) Es un principio informador del ordenamiento jurídico.

5. b) Se garantizará incluso en el acceso al trabajo por cuenta propia.

6. a) Discriminación directa.

7. d) No, si debido a la naturaleza de las actividades profesionales concretas o al contexto en el que se lleven a cabo, dicha característica constituya un requisito profesional esencial y determinante, siempre y cuando el objetivo sea legítimo y el requisito proporcionado.

8. d) En cualquier caso se considera discriminatoria, sea directa o indirecta.

9. d) Cualquier comportamiento, verbal o físico, de naturaleza sexual que tenga el propósito o produzca el efecto de atentar contra la dignidad de una persona, en particular cuando se crea un entorno intimidatorio, degradante u ofensivo.

10. c) Discriminación directa por razón de sexo.

11. c) Acoso por razón de sexo.

12. a) Acto de discriminación por razón de sexo.

13. b) Discriminación por razón de sexo.

14. d) Disuasorio.

15. b) Nulos y sin efecto.

16. d) Proporcionadas.

17. b) Incluso tras la terminación de la relación en la que supuestamente se ha producido la discriminación.

18. c) Las personas físicas y jurídicas con interés legítimo.

19. b) Sobre acoso sexual y acoso por razón de sexo.

20. a) A instancia de parte, podrá recabar, si lo estimase útil y pertinente, informe o dictamen de los organismos públicos competentes.

21. a) Actuar contra la violencia que, como manifestación de la discriminación, la situación de desigualdad y las relaciones de poder de los hombres sobre las mujeres, se ejerce sobre éstas por parte de quienes sean o hayan sido sus cónyuges o de quienes estén o hayan estado ligados a ellas por relaciones similares de afectividad, aun sin convivencia.

22. a) Incluye las amenazas y las coacciones.

23. a) Eficaz.

24. c) Con el fin de facilitar su integración social.

25. c) El Observatorio de Igualdad de Género.

26. b) Interseccionalidad.

27. b) Cada 2 años.

28. a) Los Presupuestos de la Comunidad Autónoma de Cantabria.

29. b) Facilitar la conciliación sin menoscabo de la promoción profesional.

30. b) Que deben estar desagregadas por sexos y actualizadas.

31. c) Se le permite continuar en el proceso selectivo en curso o en el siguiente que se convoque.

32. d) Integral.

33. b) La adopción de medidas integrales para la sensibilización, prevención y erradicación de la violencia de género.

34. c) El medio empleado y el resultado perseguido.

35. d) Aquellas conductas consistentes en la solicitud de favores de naturaleza sexual, para sí o para una tercera persona, prevaliéndose el sujeto activo de una situación de superioridad laboral, docente o análoga, con el anuncio expreso o tácito a la víctima de causarle un mal relacionado con las expectativas que la víctima tenga en el ámbito de dicha relación, o bajo la promesa de una recompensa o premio en el ámbito de la misma.

36. a) Malos tratos, agresiones de diversa índole, abusos, acoso y cualesquiera otras actuaciones o conductas que lesionen o sean susceptibles de lesionar la dignidad o integridad de la mujer.

37. b) En aquellas situaciones en que, por su gravedad, urgencia o por carecer de recursos alternativos así lo requieran.

38. b) Un centro de información y atención integral.

39. a) Servicio de intervención en domicilio y servicio de intervención socioeducativa.

40. b) Las mujeres víctimas de violencia de género que permanezcan o hayan finalizado ya las diferentes fases de acogimiento en los dos años anteriores.

El Real Decreto Legislativo 1/2013, por el que se aprueba el texto refundido de la Ley general de derechos de las personas con discapacidad y de su inclusión social: objeto, definiciones y principios (Capítulo I del Título Preliminar)

1. La discapacidad es:

a) Una condición permanente que afecta solo a una pequeña parte de la población.

b) Una experiencia exclusivamente física y no depende del entorno social.

c) Parte de la condición humana, y la mayoría de las personas la experimentarán en algún momento de su vida.

d) Solo un problema de salud que no involucra factores personales o ambientales.

2. Según la Clasificación Internacional del Funcionamiento, de la Discapacidad y de la Salud (CIF), ¿cuál es un aspecto clave de la discapacidad?

a) Se refiere únicamente a las deficiencias físicas.

b) Es un término genérico que incluye deficiencias, limitaciones de actividad y restricciones para la participación.

c) Solo afecta a personas con condiciones permanentes.

d) Depende únicamente de la condición de salud de la persona.

3. ¿Cuál es la principal diferencia entre la concepción estática y la concepción dinámica de la discapacidad?

a) La concepción estática se centra en factores ambientales, mientras que la dinámica se enfoca en la condición de salud.

b) La concepción dinámica considera solo la salud de la persona, mientras que la estática incluye otros factores.

c) La concepción estática solo considera la condición de salud, mientras que la dinámica incluye factores ambientales y personales.

d) La concepción estática no toma en cuenta la interacción entre la persona y su entorno, mientras que la dinámica sí lo hace.

4. ¿Cuál es el objetivo principal de las medidas impulsadas por los poderes públicos hacia las personas con discapacidad?

a) Promover su inclusión social y garantizar la igualdad de oportunidades.
b) Garantizar apoyo económico exclusivo.
c) Ofrecer servicios médicos especializados únicamente.
d) Crear una normativa específica solo para la integración laboral.

5. ¿Qué estrategias de intervención se destacan en la Ley 51/2003 para las personas con discapacidad?

a) Inclusión educativa y prestaciones económicas.
b) Promoción de subsidios laborales y ayuda técnica.
c) Creación de servicios médicos especializados.
d) Accesibilidad universal y lucha contra la discriminación.

6. ¿Qué efecto tienen los impedimentos que enfrentan las personas con discapacidad?

a) Facilitan su integración social y laboral.
b) Permiten el pleno ejercicio de sus derechos.
c) Generan una situación de exclusión social.
d) Promueven la igualdad de oportunidades.

7. ¿Cuál fue el principal avance que supuso la Ley 13/1982, de 7 de abril, para las personas con discapacidad en España?

a) La creación de subsidios específicos solo para la educación.
b) El reconocimiento de las personas con discapacidad como sujetos de derechos.
c) La implementación de medidas para una vida independiente y plena en su entorno.
d) El establecimiento de centros médicos especializados en atención a personas con discapacidad.

8. ¿Cuál es el principal objetivo del Real Decreto Legislativo 1/2013?

a) Promover la autonomía personal, accesibilidad universal, y erradicar toda forma de discriminación hacia las personas con discapacidad.
b) Garantizar el acceso a servicios de salud especializados para personas con discapacidad.
c) Proteger los derechos de las personas con discapacidad exclusivamente en el ámbito laboral.
d) Crear un sistema exclusivo de subsidios económicos para personas con discapacidad.

9. Según el artículo 9.2 de la Constitución Española, ¿qué deben hacer los poderes públicos?

a) Garantizar el acceso a la educación para personas con discapacidad.
b) Remover los obstáculos que impidan la igualdad efectiva y facilitar la participación de todos los ciudadanos en la vida social, política y económica.

c) Ofrecer apoyo económico exclusivamente a grupos en situación de vulnerabilidad.

d) Proveer asistencia médica gratuita para personas con discapacidad.

10. ¿Qué cambio introdujo la reforma del artículo 49 de la Constitución Española en 2024?

a) La creación de un sistema de subvenciones para personas con discapacidad.

b) La creación de un marco legal para el acceso exclusivo a servicios de salud especializados.

c) La eliminación de la mención de la discapacidad en la Constitución Española.

d) La actualización de su lenguaje y contenido para reflejar valores actuales de protección y promoción de los derechos de las personas con discapacidad.

11. ¿Cuál es uno de los objetivos del Real Decreto Legislativo 1/2013?

a) Promover la igualdad de oportunidades y trato de las personas con discapacidad.

b) Establecer nuevas leyes sobre el acceso a la vivienda.

c) Limitar los derechos de las personas con discapacidad en España.

d) Excluir a las personas con discapacidad de la vida pública.

12. Según el texto, ¿qué artículo de la Constitución Española se refiere a la igualdad ante la ley?

a) Artículo 9.2.

b) Artículo 10.

c) Artículo 14.

d) Artículo 49.

13. ¿Qué se busca garantizar con la reforma del artículo 49 de la Constitución Española?

a) La eliminación de todos los derechos de las personas con discapacidad.

b) La protección y promoción de los derechos de las personas con discapacidad.

c) La creación de nuevos impuestos para las personas con discapacidad.

d) La exclusión de las personas con discapacidad de la comunidad.

14. ¿Cómo define el Real Decreto Legislativo 1/2013 la discapacidad?

a) Como una deficiencia exclusivamente física.

b) Como una situación que resulta de la interacción entre deficiencias permanentes y barreras que limitan la participación en igualdad de condiciones.

c) Como una enfermedad temporal que afecta la movilidad.

d) Como un problema de salud que se resuelve con intervenciones médicas.

15. ¿Qué se entiende por «igualdad de oportunidades» según el RDL 1/2013?

a) La posibilidad de acceder a educación superior para todos.

b) La ausencia de toda discriminación, directa o indirecta, por motivo de discapacidad, garantizando el reconocimiento y ejercicio de derechos humanos.

c) La obligación de las empresas de contratar a personas con discapacidad.

d) La igualdad de salario entre hombres y mujeres en el trabajo.

16. ¿Qué es la discriminación indirecta según el Real Decreto Legislativo 1/2013?

a) Tratar a una persona con discapacidad de manera menos favorable que a otra en situación análoga.

b) Impedir la participación de una persona con discapacidad en la vida política.

c) Aplicar una regla aparentemente neutral que cause una desventaja a personas con discapacidad sin un objetivo legítimo.

d) Excluir a las personas con discapacidad de actividades culturales y sociales.

17. ¿Qué se entiende por «vida independiente» según el Real Decreto Legislativo 1/2013?

a) La capacidad de la persona con discapacidad de tomar decisiones y participar activamente en su comunidad.

b) La autonomía económica de una persona con discapacidad.

c) El acceso a ayudas económicas para personas con discapacidad.

d) La posibilidad de recibir apoyo médico continuo.

18. ¿Qué se entiende por "normalización" según el Real Decreto Legislativo 1/2013?

a) Adaptar servicios exclusivos para personas con discapacidad.

b) Permitir que las personas con discapacidad accedan a lugares y servicios en igualdad de condiciones que los demás.

c) Crear infraestructuras especiales solo para personas con discapacidad.

d) Facilitar ayudas económicas para las personas con discapacidad.

19. ¿Cuál es el principio clave de la «inclusión social» según el Real Decreto Legislativo 1/2013?

a) Asegurar que las personas con discapacidad puedan recibir tratamiento médico adecuado.

b) Garantizar que las personas con discapacidad accedan a subsidios económicos.

c) Promover valores compartidos que permitan la participación plena de las personas con discapacidad en la vida social, política y cultural.

d) Reservar espacios exclusivos para personas con discapacidad en entornos públicos.

20. ¿Qué significa «accesibilidad universal» según el Real Decreto Legislativo 1/2013?

a) Hacer todos los productos y servicios comprensibles y utilizables por todas las personas sin excepciones.

b) Ofrecer asistencia personalizada en todos los servicios públicos.

c) Diseñar entornos accesibles exclusivamente para personas con discapacidad física.

d) Crear productos y servicios específicos para cada tipo de discapacidad.

21. ¿Qué es el «diseño universal o diseño para todas las personas» según el Real Decreto Legislativo 1/2013?

a) Crear productos específicos para cada tipo de discapacidad.

b) Ofrecer productos especializados para personas con discapacidades severas.

c) Diseñar entornos exclusivos para personas con discapacidad.

d) Proyectar entornos y servicios que puedan ser utilizados por todas las personas sin necesidad de adaptación.

22. ¿Qué aspecto se incluye en la accesibilidad universal según el RDL 1/2013?

a) La obligación de hacer todos los productos y servicios gratuitos.

b) La accesibilidad cognitiva, que facilita la comprensión y comunicación para todas las personas.

c) La prohibición de la construcción de edificios públicos.

d) La creación de programas de entretenimiento exclusivamente para personas con discapacidad.

23. ¿Qué son los «ajustes razonables» según el Real Decreto Legislativo 1/2013?

a) Modificaciones generales aplicables a todos los entornos para mejorar la accesibilidad.

b) Adaptaciones necesarias para personas con discapacidad que no representen una carga desproporcionada.

c) Herramientas tecnológicas diseñadas para mejorar la movilidad de personas con discapacidad.

d) Subsidios económicos para personas con discapacidad.

24. ¿Qué implica el «diálogo civil» según el Real Decreto Legislativo 1/2013?

a) La participación de organizaciones representativas de personas con discapacidad en la elaboración y evaluación de políticas públicas.

b) La consulta directa a los poderes públicos sobre las leyes de discapacidad.

c) La creación de consejos consultivos exclusivos para personas con discapacidad.

d) El derecho de las personas con discapacidad a recibir asistencia legal gratuita.

25. ¿Cuál de los siguientes es un principio fundamental del Real Decreto Legislativo 1/2013?

a) La discriminación positiva hacia las personas con discapacidad.

b) El respeto por la diferencia y la aceptación de las personas con discapacidad como parte de la diversidad humana.

c) La exclusión de personas con discapacidad de ciertos ámbitos laborales.

d) La creación de instituciones especiales para personas con discapacidad.

26. ¿Cuál de estos principios está incluido en el artículo 3 del Real Decreto Legislativo 1/2013?

a) Acceso exclusivo a la educación especializada para personas con discapacidad.

b) Acceso diferenciado a los servicios públicos.

c) La exclusión social controlada.

d) La igualdad entre mujeres y hombres.

27. Según el artículo 3 del Real Decreto Legislativo 1/2013, ¿qué principio garantiza la participación plena de las personas con discapacidad en la sociedad?

a) El acceso a subsidios económicos.

b) El respeto al desarrollo de la personalidad.

c) La participación e inclusión plenas y efectivas en la sociedad.

d) La asistencia médica prioritaria.

28. ¿Cuál de los siguientes principios forma parte del artículo 3 del Real Decreto Legislativo 1/2013?

a) La discriminación positiva en el ámbito laboral.

b) El diseño exclusivo para personas con discapacidad.

c) La accesibilidad universal.

d) La creación de espacios separados para personas con discapacidad.

29. ¿Cuál de los siguientes es un principio establecido en el artículo 3 del RDL 1/2013?

a) La imposición de restricciones a la movilidad de las personas con discapacidad.

b) La promoción de la igualdad de oportunidades y el respeto por la diferencia.

c) La creación de instituciones segregadas para la atención de personas con discapacidad.

d) La limitación del acceso a servicios públicos para personas con discapacidad.

30. ¿Cuál de los siguientes principios NO está incluido en el artículo 3 del RDL 1/2013?

a) La igualdad de oportunidades.

b) La no discriminación.

c) La dependencia de las personas con discapacidad.

d) La participación e inclusión plenas y efectivas en la sociedad.

Solución al test n.º 13

1. c) Parte de la condición humana, y la mayoría de las personas la experimentarán en algún momento de su vida.

2. b) Es un término genérico que incluye deficiencias, limitaciones de actividad y restricciones para la participación.

3. c) La concepción estática solo considera la condición de salud, mientras que la dinámica incluye factores ambientales y personales.

4. a) Promover su inclusión social y garantizar la igualdad de oportunidades.

5. d) Accesibilidad universal y lucha contra la discriminación.

6. c) Generan una situación de exclusión social.

7. c) La implementación de medidas para una vida independiente y plena en su entorno.

8. a) Promover la autonomía personal, accesibilidad universal, y erradicar toda forma de discriminación hacia las personas con discapacidad.

9. b) Remover los obstáculos que impidan la igualdad efectiva y facilitar la participación de todos los ciudadanos en la vida social, política y económica.

10. d) La actualización de su lenguaje y contenido para reflejar valores actuales de protección y promoción de los derechos de las personas con discapacidad.

11. a) Promover la igualdad de oportunidades y trato de las personas con discapacidad.

12. c) Artículo 14.

13. b) La protección y promoción de los derechos de las personas con discapacidad.

14. b) Como una situación que resulta de la interacción entre deficiencias permanentes y barreras que limitan la participación en igualdad de condiciones.

15. b) La ausencia de toda discriminación, directa o indirecta, por motivo de discapacidad, garantizando el reconocimiento y ejercicio de derechos humanos.

16. c) Aplicar una regla aparentemente neutral que cause una desventaja a personas con discapacidad sin un objetivo legítimo.

17. a) La capacidad de la persona con discapacidad de tomar decisiones y participar activamente en su comunidad.

18. b) Permitir que las personas con discapacidad accedan a lugares y servicios en igualdad de condiciones que los demás.

19. c) Promover valores compartidos que permitan la participación plena de las personas con discapacidad en la vida social, política y cultural.

20. a) Hacer todos los productos y servicios comprensibles y utilizables por todas las personas sin excepciones.

21. d) Proyectar entornos y servicios que puedan ser utilizados por todas las personas sin necesidad de adaptación.

22. b) La accesibilidad cognitiva, que facilita la comprensión y comunicación para todas las personas.

23. b) Adaptaciones necesarias para personas con discapacidad que no representen una carga desproporcionada.

24. a) La participación de organizaciones representativas de personas con discapacidad en la elaboración y evaluación de políticas públicas.

25. b) El respeto por la diferencia y la aceptación de las personas con discapacidad como parte de la diversidad humana.

26. d) La igualdad entre mujeres y hombres.

27. c) La participación e inclusión plenas y efectivas en la sociedad.

28. c) La accesibilidad universal.

29. b) La promoción de la igualdad de oportunidades y el respeto por la diferencia.

30. c) La dependencia de las personas con discapacidad.

TEST N.º 14

Los derechos de los ciudadanos. Decreto 152/2005, de 9 de diciembre, por el que se aprueba la Carta de Derechos de la Ciudadanía (Capítulo II)

1. Indica qué palabra falta en la siguiente frase: "Según el artículo 9 de la Constitución Española, corresponde a los poderes públicos .... las condiciones para que la libertad y la igualdad del individuo y de los grupos en que se integra sean reales y efectivas; remover los obstáculos que impidan o dificulten su plenitud y facilitar la participación de todos los ciudadanos en la vida política, económica, cultural y social":

a) Impulsar.
b) Proporcionar.
c) Materializar.
d) Promover.

2. Según el artículo 51 de la Constitución, los poderes públicos promoverán la información y la educación de los consumidores y usuarios, fomentarán sus organizaciones y oirán a éstas en las cuestiones que puedan afectar a aquellos:

a) En los términos que la ley establezca.
b) En los términos que reglamentariamente se establezca.
c) En los términos que disponga una ley orgánica.
d) Con arreglo a lo dispuesto en su legislación específica.

3. Cualquier ciudadano podrá recabar la tutela de las libertades y derechos reconocidos en el artículo 14 de la Constitución y la Sección primera del Capítulo segundo ante los Tribunales ordinarios por un procedimiento basado en los principios de preferencia y:

a) Urgencia.
b) Sumariedad.
c) Amparo.
d) Universalidad.

4. Según el artículo 105 de la Constitución, la Ley regulará el acceso de los ciudadanos a los archivos y registros administrativos, salvo en lo que afecte a (señalar la opción incorrecta):

a) La seguridad y defensa del Estado.
b) La averiguación de los delitos.
c) La intimidad de las personas.
d) La organización de la Administración Pública.

5. El artículo 23.º de la Constitución Española establece que:

a) Se reconoce el derecho de los ciudadanos a participar en los asuntos públicos, directamente o por medio de sus representantes.
b) Todos los españoles tendrán derecho a la petición individual y colectiva por escrito.
c) Se reconoce el derecho a comunicar o recibir libremente información veraz por cualquier medio de difusión.
d) El derecho indicado en la opción anterior podrá restringirse o limitarse mediante sistemas de censura autorizados legalmente.

6. Quienes de conformidad con el artículo 3 de la LPACAP, tienen capacidad de obrar ante las Administraciones Públicas, son titulares, en sus relaciones con ellas, del derecho a ser tratados con respeto y deferencia por las autoridades y empleados públicos:

a) Cuando así corresponda legalmente.
b) De acuerdo con lo previsto en dicha ley y en el resto del ordenamiento jurídico.
c) De acuerdo con lo previsto en la Ley 19/2013, de 9 de diciembre, de Transparencia, Acceso a la Información Pública y Buen Gobierno y el resto del ordenamiento jurídico.
d) Que habrán de facilitarles el ejercicio de sus derechos y el cumplimiento de sus obligaciones.

7. Quienes tienen capacidad de obrar ante las Administraciones Públicas, son titulares, en sus relaciones con ellas, del derecho a la protección de datos de carácter personal, y en particular, con respecto a los datos que figuren en los ficheros, sistemas y aplicaciones de las Administraciones Públicas:

a) A su seguridad y confidencialidad.
b) A su administración y gestión.
c) A su supervisión y aprovechamiento.
d) A su conservación y transmisión.

8. Según el artículo 13.g) de la LPACAP, quienes tienen capacidad de obrar ante las Administraciones Públicas, son titulares, en sus relaciones con ellas, del derecho a la obtención y utilización de:

a) Cualquier medio de identificación y firma electrónica.
b) Los medios de identificación y firma electrónica que tenga a su alcance.

c) Los medios de identificación y firma electrónica contemplados en esta ley.

d) Los medios de identificación y firma electrónica, cuando así corresponda legalmente.

9. De acuerdo con lo previsto en la LPACAP y en el resto del ordenamiento jurídico, quienes tienen capacidad de obrar ante las Administraciones Públicas, son titulares, en sus relaciones con ellas, del derecho a utilizar las lenguas oficiales:

a) Únicamente ante las Administraciones que expresamente lo contemplen en su normativa de funcionamiento.

b) En el territorio de la Comunidad Autónoma.

c) En todo el territorio español.

d) En el territorio de los municipios que así lo dispongan.

10. Según el artículo 13.a) de la LPACAP, quienes tienen capacidad de obrar ante las Administraciones Públicas son titulares del derecho a comunicarse con éstas a través de:

a) Un funcionario habilitado para representarles.

b) Una entidad sin personalidad jurídica.

c) Un Punto de Acceso específico electrónico de la Administración.

d) Un Punto de Acceso General electrónico de la Administración.

11. En relación con el tipo de comunicación del interesado con la Administración, no es cierto que:

a) Las personas físicas puedan elegir en todo momento si se comunican con las Administraciones Públicas para el ejercicio de sus derechos y obligaciones a través de medios electrónicos o no, salvo que estén obligadas a relacionarse a través de medios electrónicos con las Administraciones Públicas.

b) Las Administraciones puedan establecer la obligación de relacionarse con ellas a través de medios electrónicos para determinados procedimientos y para ciertos colectivos de personas físicas.

c) Las personas jurídicas estén obligadas a relacionarse a través de medios electrónicos con las Administraciones Públicas para la realización de cualquier trámite de un procedimiento administrativo.

d) El medio elegido por la persona para comunicarse con las Administraciones Públicas no puede ser modificado a lo largo del procedimiento.

12. No están obligados a relacionarse a través de medios electrónicos con las Administraciones Públicas para la realización de cualquier trámite de un procedimiento administrativo:

a) Las entidades sin personalidad jurídica.

b) Todo aquel que ostente la representación de un interesado.

c) Quienes ejerzan una actividad profesional para la que se requiera colegiación obligatoria, para los trámites y actuaciones que realicen con las Administraciones Públicas en ejercicio de dicha actividad profesional.

d) Las personas jurídicas.

13. Según el artículo 14 de la LPACAP, NO están obligados a relacionarse electrónicamente con las Administraciones Públicas para la realización de cualquier trámite de un procedimiento administrativo:

a) Los empleados de las Administraciones Públicas en toda relación con éstas.

b) Los notarios, en el ejercicio de su actividad profesional.

c) Los registradores mercantiles, en el ejercicio de su actividad profesional.

d) Las entidades sin personalidad jurídica.

14. ¿Pueden las Administraciones Públicas establecer la obligación de relacionarse con ellas a través de medios electrónicos a otros colectivos distintos de los que la LPACAP menciona expresamente en su artículo 14.2?

a) No, solo podrá obligarse a los mencionados en dicho artículo.

b) También están obligados los colectivos de personas físicas que por su capacidad económica tengan acceso a los medios electrónicos necesarios.

c) Sí, para determinados procedimientos, si así se recoge expresamente en una ley.

d) Sí, podrá obligarse reglamentariamente para determinados procedimientos y para ciertos colectivos de personas físicas que por razón de su capacidad económica, técnica, dedicación profesional u otros motivos quede acreditado que tienen acceso y disponibilidad de los medios electrónicos necesarios.

15. Según el artículo 15 de la LPACAP, la lengua de los procedimientos tramitados por la Administración General del Estado será:

a) El español.

b) El castellano, el catalán, el euskera, el gallego y el valenciano, sea cual sea la sede de los órganos de la Administración General del Estado.

c) Únicamente el castellano. Las demás lenguas españolas no se podrán utilizar en los procedimientos tramitados por la Administración General del Estado pero sí en los de las Administraciones de las Comunidades Autónomas donde son cooficiales y en sus correspondientes Administraciones locales.

d) El castellano, si bien, los interesados que se dirijan a los órganos de la Administración General del Estado con sede en el territorio de una Comunidad Autónoma podrán utilizar también la lengua que sea cooficial en ella; en cuyo caso, el procedimiento se tramitará en la lengua elegida por el interesado.

16. En relación con la traducción al castellano de documentos o expedientes en lenguas cooficiales que deban surtir efectos en el territorio de una Comunidad Autónoma distinta a la de la Administración instructora, NO es cierto que:

a) Deben ser traducidos por la Administración instructora.

b) Necesariamente se traducirá el documento o expediente completo.

c) Si en el territorio de la Comunidad Autónoma donde deban surtir efectos fuera cooficial esa misma lengua distinta del castellano, no será precisa su traducción.

d) Los interesados pueden solicitar expresamente la traducción.

17. ¿Cuál de los siguientes principios deben respetar las Administraciones Públicas en su actuación y relaciones con los ciudadanos?

a) Imparcialidad.
b) Neutralidad.
c) Exceso de formalidades.
d) Simplicidad y claridad.

18. Entre los principios de la actuación administrativa se encuentra la "eficiencia". ¿Qué significa este principio según el texto?

a) La asignación y utilización eficiente de los recursos públicos.
b) La descentralización del poder administrativo.
c) Aplicar siempre el principio de igualdad en todas las actuaciones.
d) Evitar la burocracia en la administración.

19. ¿Qué deben hacer las Administraciones Públicas cuando establecen medidas que limiten el ejercicio de derechos individuales o colectivos?

a) Aplicar el principio de legalidad.
b) Aplicar el principio de eficiencia.
c) Aplicar el principio de descentralización.
d) Aplicar el principio de proporcionalidad.

20. Cuando las Administraciones Públicas limitan derechos o exigen el cumplimiento de requisitos para el desarrollo de una actividad, deben elegir:

a) La medida que más beneficie a la administración.
b) La medida más restrictiva para asegurar el cumplimiento.
c) La medida menos restrictiva.
d) La medida que sea más rápida de aplicar.

21. ¿En cuántas líneas estratégicas se estructura el "Plan Marco de Modernización de los Servicios de la Administración del Gobierno de Cantabria"?

a) En 3.
b) En 5.
c) En 9.
d) En 15.

22. El marco de expectativas y aspiraciones que la Administración de la Comunidad Autónoma de Cantabria garantiza, en forma de derechos, a cuantos ciudadanos se relacionan con la misma, es:

a) El Manual de Atención al Ciudadano.
b) El Plan de Modernización de la Administración de la Comunidad Autónoma.

c) La Carta de Derechos de la Ciudadanía.
d) La Carta de Servicios de la Administración de la Comunidad Autónoma.

23. Según la Carta de Derechos de la Ciudadanía, los ciudadanos tienen derecho a obtener de las autoridades y personal al servicio de la Administración de la Comunidad Autónoma de Cantabria un tratamiento respetuoso, diligente y:

a) Adecuado.
b) Acertado.
c) Completo.
d) Confidencial.

24. Según la Carta de Derechos de la Ciudadanía, los ciudadanos tienen derecho a presentar reclamaciones ante cualquier supuesto de desatención o anomalía en el funcionamiento de los servicios de la Administración de la Comunidad Autónoma de Cantabria y sus organismos públicos y a recibir contestación adecuada en un plazo máximo de:

a) 15 días.
b) 20 días.
c) 30 días.
d) 60 días.

25. ¿En qué año se publicó la Carta de Derechos de la Ciudadanía de Cantabria?

a) 2000.
b) 2005.
c) 2008.
d) 2010.

Solución al test n.º 14

1. d) Promover.

2. a) En los términos que la ley establezca.

3. b) Sumariedad.

4. d) La organización de la Administración Pública.

5. a) Se reconoce el derecho de los ciudadanos a participar en los asuntos públicos, directamente o por medio de sus representantes.

6. d) Que habrán de facilitarles el ejercicio de sus derechos y el cumplimiento de sus obligaciones.

7. a) A su seguridad y confidencialidad.

8. c) Los medios de identificación y firma electrónica contemplados en esta ley.

9. b) En el territorio de la Comunidad Autónoma.

10. d) Un Punto de Acceso General electrónico de la Administración.

11. d) El medio elegido por la persona para comunicarse con las Administraciones Públicas no puede ser modificado a lo largo del procedimiento.

12. b) Todo aquel que ostente la representación de un interesado.

13. a) Los empleados de las Administraciones Públicas en toda relación con éstas.

14. d) Sí, podrá obligarse reglamentariamente para determinados procedimientos y para ciertos colectivos de personas físicas que por razón de su capacidad económica, técnica, dedicación profesional u otros motivos quede acreditado que tienen acceso y disponibilidad de los medios electrónicos necesarios.

15. d) El castellano, si bien, los interesados que se dirijan a los órganos de la Administración General del Estado con sede en el territorio de una Comunidad Autónoma podrán utilizar también la lengua que sea cooficial en ella; en cuyo caso, el procedimiento se tramitará en la lengua elegida por el interesado.

16. b) Necesariamente se traducirá el documento o expediente completo.

17. d) Simplicidad y claridad.

18. a) La asignación y utilización eficiente de los recursos públicos.

19. d) Aplicar el principio de proporcionalidad.

20. c) La medida menos restrictiva.

21. b) En 5.

22. c) La Carta de Derechos de la Ciudadanía.

23. d) Confidencial.

24. c) 30 días.

25. b) 2005.

TEST N.º 15

La protección de datos. Ley Orgánica 3/2018, de 5 de diciembre, de Protección de Datos Personales y garantía de los derechos digitales: Principios de protección de datos; derechos de las personas; responsable y encargado del tratamiento. Delegado de protección de datos en las Administraciones Públicas

1. Según el artículo 18.3 de la Constitución Española, se garantiza el secreto de las comunicaciones y, en especial, de las postales, telegráficas y telefónicas:

a) Siempre.
b) Salvo resolución judicial.
c) Excepto en los casos que establezcan las leyes.
d) Salvo consentimiento del interesado.

2. Es correcto, conforme a la disposición adicional 3.ª de la LO 3/2018, que:

a) Cuando los plazos se señalen por días, se entiende que estos son naturales.
b) Si el plazo se fija en semanas, concluirá el día anterior al día de la semana en que se produjo el hecho que determina su iniciación en la semana de vencimiento.
c) Si el plazo se fija en años, concluirá el mismo día en que se produjo el hecho que determina su iniciación en el año de vencimiento.
d) Cuando el último día del plazo sea inhábil, se entenderá adelantado al último día hábil anterior.

3. El RGPD lo define como la persona física o jurídica, autoridad pública, servicio u otro organismo que trate datos personales por cuenta del responsable del tratamiento:

a) El Delegado.
b) El Encargado.
c) El Representante.
d) El Tratante.

4. Según el artículo 3 de la LO 3/2018, los requisitos y condiciones para acreditar la validez y vigencia de los mandatos e instrucciones de las personas fallecidas respecto al acceso a los datos personales de estas por parte de las personas o instituciones que designaran expresamente, serán establecidos:

a) Por medio de una Directiva europea.
b) Por Ley estatal.
c) Por Ley autonómica.
d) Por Real Decreto.

5. El artículo 4 de la LO 3/2018 señala que, conforme al artículo 5.1.d) del Reglamento (UE) 2016/679, los datos serán exactos y, si fuere necesario:

a) Actualizados.
b) Aproximados.
c) Normalizados.
d) Digitalizados.

6. Señala la respuesta incorrecta. No será imputable al responsable del tratamiento, siempre que este haya adoptado todas las medidas razonables para que se supriman o rectifiquen sin dilación, la inexactitud de los datos personales, con respecto a los fines para los que se tratan, cuando los datos inexactos:

a) Hubiesen sido obtenidos por el responsable directamente del encargado.
b) Hubiesen sido obtenidos por el responsable de un mediador o intermediario en caso de que las normas aplicables al sector de actividad al que pertenezca el responsable del tratamiento establecieran la posibilidad de intervención de un intermediario o mediador que recoja en nombre propio los datos de los afectados para su transmisión al responsable.
c) Fuesen sometidos a tratamiento por el responsable por haberlos recibido de otro responsable en virtud del ejercicio por el afectado del derecho a la portabilidad.
d) Fuesen obtenidos de un registro público por el responsable.

7. Conforme al artículo 5.1 de la LO 3/2018, estarán sujetas al deber de confidencialidad:

a) Únicamente los responsables del tratamiento.
b) Los responsables y encargados del tratamiento.
c) Los responsables y encargados del tratamiento de datos así como todas las personas que intervengan en cualquier fase de este.
d) Los responsables y encargados del tratamiento de datos así como todas las personas que intervengan en todas las fases de este.

8. Conforme a los artículos 4.11 del RGPD y 6.1 de la LO 3/2018, se entiende por *consentimiento del afectado* la aceptación, ya sea mediante una declaración o una clara acción afirmativa, del tratamiento de datos personales que le conciernen manifestada por voluntad libre, de forma específica, informada e/y:

a) Detallada.
b) Unitaria.

c) Inequívoca.

d) Por escrito.

9. Cuando se pretenda fundar el tratamiento de los datos en el consentimiento del afectado para una pluralidad de finalidades:

a) Será preciso que conste de manera específica e inequívoca que dicho consentimiento se otorga para todas ellas.

b) Será necesario demostrar que el afectado consintió expresa e inequívocamente en alguna de las finalidades y, que el resto de finalidades están claramente relacionadas con aquella.

c) El responsable debe demostrar la adecuación de las distintas finalidades a un único objeto.

d) El consentimiento del afectado solo puede afectar a una finalidad. Cada finalidad precisa un consentimiento propio e independiente.

10. Según el artículo 8.1 de la LO 3/2018, el tratamiento de datos personales solo podrá considerarse fundado en el cumplimiento de una obligación legal exigible al responsable:

a) Cuando así lo prevea una norma de Derecho de la Unión Europea o una norma con rango de ley.

b) Cuando el tratamiento se considere una misión realizada en interés público.

c) Cuando se trate del ejercicio de poderes públicos conferidos al responsable.

d) Cuando el responsable sea un órgano u organismo público.

11. Conforme al artículo 9 de la LO 3/2018, de 5 de diciembre, de Protección de Datos Personales y garantía de los derechos digitales, ¿cuál de los siguientes tratamientos de categorías especiales de datos fundados en el Derecho español deberá estar amparado en una norma con rango de ley?

a) El interesado dio su consentimiento explícito para el tratamiento de dichos datos personales con uno o más de los fines especificados.

b) El tratamiento es necesario para el cumplimiento de obligaciones y el ejercicio de derechos específicos del responsable del tratamiento o del interesado en el ámbito del Derecho laboral y de la seguridad y protección social.

c) El tratamiento es necesario para proteger intereses vitales del interesado o de otra persona física, en el supuesto de que el interesado no esté capacitado, física o jurídicamente, para dar su consentimiento.

d) El tratamiento es necesario por razones de interés público en el ámbito de la salud pública, como la protección frente a amenazas transfronterizas graves para la salud, o para garantizar elevados niveles de calidad y de seguridad de la asistencia sanitaria y de los medicamentos o productos sanitarios.

12. La LO 3/2018, de 5 de diciembre, de Protección de Datos Personales y garantía de los derechos digitales, tiene por objeto garantizar los derechos digitales de la ciudadanía conforme al mandato del artículo de la Constitución:

a) 9.2.
b) 10.1.
c) 18.4.
d) 20.4.

13. Señala la respuesta incorrecta. Conforme al artículo 11.2 de la LO 3/2018, la información básica que el responsable del tratamiento ha de facilitar al afectado, cuando los datos personales se hayan obtenido de este, debe contener obligatoriamente:

a) La finalidad del tratamiento.
b) La identidad del responsable del tratamiento y de su representante, en su caso.
c) La posibilidad de ejercer los derechos establecidos en los artículos 15 a 22 del RGPD.
d) Las categorías de datos objeto de tratamiento.

14. Conforme al RGPD, cuando se aplique el consentimiento para el tratamiento de sus datos personales para uno o varios fines específicos en relación con la oferta directa a niños de servicios de la sociedad de la información, el tratamiento de los datos personales de un niño se considerará lícito cuando este tenga como mínimo:

a) 12 años.
b) 13 años.
c) 14 años.
d) 16 años.

15. Según el artículo 7.1 de la LO 3/2018, el tratamiento de los datos personales de un menor de edad únicamente podrá fundarse en su consentimiento cuando sea mayor de:

a) 12 años.
b) 13 años.
c) 14 años.
d) 16 años.

16. En virtud del derecho de acceso al que se refiere el artículo 15 del Reglamento (UE) 2016/679, del Parlamento Europeo y del Consejo, de 27 de abril, relativo a la protección de las personas físicas en lo que respecta al tratamiento de datos personales y a la libre circulación de estos datos y por el que se deroga la Directiva 95/46/CE:

a) El interesado tendrá derecho a conocer si sus datos de carácter personal están siendo tratados, qué datos son objeto de dicho tratamiento, la finalidad del mismo, el origen de los citados datos y si se han comunicado o se van a comunicar a un tercero.

b) El interesado, previo pago de un canon, tendrá derecho a obtener información sobre sus datos de carácter personal sometidos a tratamiento.

c) El interesado tiene derecho a conocer el nombre y apellidos de las personas que han accedido a sus datos.

d) El interesado tendrá derecho a obtener información de sus datos de carácter personal sometidos a tratamiento, pero no de las comunicaciones que se prevean hacer de ellos.

17. Conforme al artículo 12 de la LO 3/2018, los derechos reconocidos en los artículos 15 a 22 del RGPD:

a) Solo podrán ser ejercidos directamente por el afectado.

b) Deberán ejercerse bien directamente por el afectado o por representante legal.

c) Deberán ejercerse bien directamente por el afectado o por representante voluntario.

d) Podrán ejercerse directamente o por medio de representante legal o voluntario.

18. Según el artículo 12.4 de la LO 3/2018, la prueba del cumplimiento del deber de responder a la solicitud de ejercicio de sus derechos formulado por el afectado recaerá:

a) Sobre el responsable del tratamiento.

b) Sobre el encargado del tratamiento.

c) Bien sobre el responsable o bien sobre el encargado.

d) Sobre el representante legal del afectado.

19. En virtud del artículo 12 de la LO 3/2018 es cierto, en relación con los medios para que el afectado pueda ejercer sus derechos, que:

a) El encargado del tratamiento estará obligado a informar al afectado sobre los medios a su disposición para ejercer los derechos que le corresponden.

b) Los medios deberán ser consensuados con los afectados antes de poner en marcha el tratamiento.

c) Los medios deberán ser fácilmente accesibles para el afectado.

d) El ejercicio del derecho podrá ser denegado cuando el afectado opte por otro medio.

20. En relación con el derecho de acceso, el artículo 13 de la LO 3/2018 dispone que:

a) Cuando el responsable trate una gran cantidad de datos relativos al afectado y este ejercite su derecho de acceso sin especificar si se refiere a todos o a una parte de los datos, el responsable deberá facilitar la totalidad de los datos.

b) El derecho de acceso se entenderá otorgado si el responsable del tratamiento facilitara al afectado un sistema de acceso remoto, directo y seguro a los datos personales que garantice, temporalmente, el acceso a su totalidad.

c) Se podrá considerar repetitivo el ejercicio del derecho de acceso en más de una ocasión durante el plazo de seis meses, a menos que exista causa legítima para ello.

d) Cuando el afectado elija un medio distinto al que se le ofrece deberá asumir los costes que su elección comporte.

21. Entre los principios relativos al tratamiento recogidos en el artículo 5 del RGPD no figura:

a) El principio de limitación de la finalidad.
b) El principio de seguridad de la información.
c) El principio de minimización de datos.
d) El principio de responsabilidad proactiva.

22. ¿En virtud de qué principio el responsable del tratamiento deberá aplicar medidas técnicas y organizativas apropiadas a fin de garantizar y poder demostrar que el tratamiento es conforme con el Reglamento?

a) Principio de responsabilidad proactiva.
b) Principio de limitación del plazo de conservación.
c) Principio de exactitud.
d) Principio de licitud, lealtad y transparencia.

23. Según el artículo 11.1 del RGPD, si los fines para los cuales un responsable trata datos personales que no requieren o ya no requieren la identificación de un interesado por el responsable, este no estará obligado a mantener, obtener o tratar información .... con vistas a identificar al interesado con la única finalidad de cumplir el presente Reglamento. ¿Qué palabra falta en la frase?

a) Adicional.
b) Superflua.
c) Irrelevante.
d) Confidencial.

24. Según el artículo 16 del RGPD el interesado tendrá derecho a obtener sin dilación indebida del responsable del tratamiento la .... de los datos personales inexactos que le conciernan. ¿Cuál de las siguientes palabras completa correctamente la frase?

a) Supresión.
b) Rectificación.
c) Paralización.
d) Cancelación.

25. Conforme al artículo 33 de la LO 3/2018, el acceso por parte de un encargado de tratamiento a los datos personales que resulten necesarios para la prestación de un servicio al responsable:

a) Se considerará comunicación de datos siempre que se cumpla lo establecido en el RGPD, en la citada ley orgánica y en sus normas de desarrollo.
b) En ningún caso se considerará comunicación de datos.

c) No se considerará comunicación de datos siempre que se cumpla lo establecido en el RGPD, en la citada ley orgánica y en sus normas de desarrollo.

d) En todo caso se considerará comunicación de datos.

26. Según el artículo 5 del *Reglamento (UE) 2016/679, de 27 de abril, relativo a la protección de las personas físicas en lo que respecta al tratamiento de datos personales y a la libre circulación de estos datos*, los datos personales serán tratados, en relación con el interesado, de manera lícita, leal y:

a) Fiable.
b) Segura.
c) Confidencial.
d) Transparente.

27. La valoración de la procedencia de realizar la evaluación de impacto en la protección de datos corresponde a:

a) A la autoridad judicial.
b) Al responsable de protección de datos.
c) Al delegado de protección de datos.
d) A la autoridad administrativa competente en la materia.

28. Finalizada la prestación de los servicios del encargado:

a) El responsable del tratamiento determinará si los datos personales deben ser destruidos, devueltos al responsable o entregados, en su caso, a un nuevo encargado.

b) El propio encargado podrá determinar antes de finalizar su prestación, si los datos personales deben ser destruidos, devueltos al responsable o entregados, en su caso, a un nuevo encargado.

c) El responsable del tratamiento deberá ordenar la destrucción de los datos.

d) El responsable deberá nombrar un nuevo encargado del tratamiento; que podrá decidir la destrucción de los datos.

29. ¿Puede recurrir el encargado del tratamiento a la incorporación de otro encargado?

a) No, solo puede haber un encargado por tratamiento.
b) Sí, previa autorización específica por escrito del responsable.
c) No, solo puede recurrir a otro encargado el responsable del tratamiento.
d) Sí, previa autorización por escrito, específica o general, del responsable.

30. Quien, figurando como encargado, utilizase los datos para sus propias finalidades:

a) Tendrá la consideración de responsable del tratamiento.
b) Tendrá la consideración de corresponsable.
c) Deberá renunciar a la figura de encargado.
d) En ningún caso será considerado responsable del tratamiento.

Solución al test n.º 15

1. b) Salvo resolución judicial.

2. c) Si el plazo se fija en años, concluirá el mismo día en que se produjo el hecho que determina su iniciación en el año de vencimiento.

3. b) El Encargado.

4. d) Por Real Decreto.

5. a) Actualizados.

6. a) Hubiesen sido obtenidos por el responsable directamente del encargado.

7. c) Los responsables y encargados del tratamiento de datos así como todas las personas que intervengan en cualquier fase de este.

8. c) Inequívoca.

9. a) Será preciso que conste de manera específica e inequívoca que dicho consentimiento se otorga para todas ellas.

10. a) Cuando así lo prevea una norma de Derecho de la Unión Europea o una norma con rango de ley.

11. d) El tratamiento es necesario por razones de interés público en el ámbito de la salud pública, como la protección frente a amenazas transfronterizas graves para la salud, o para garantizar elevados niveles de calidad y de seguridad de la asistencia sanitaria y de los medicamentos o productos sanitarios.

12. c) 18.4.

13. d) Las categorías de datos objeto de tratamiento.

14. d) 16 años.

15. c) 14 años.

16. a) El interesado tendrá derecho a conocer si sus datos de carácter personal están siendo tratados, qué datos son objeto de dicho tratamiento, la finalidad del mismo, el origen de los citados datos y si se han comunicado o se van a comunicar a un tercero.

17. d) Podrán ejercerse directamente o por medio de representante legal o voluntario.

18. a) Sobre el responsable del tratamiento.

19. c) Los medios deberán ser fácilmente accesibles para el afectado.

20. c) Se podrá considerar repetitivo el ejercicio del derecho de acceso en más de una ocasión durante el plazo de seis meses, a menos que exista causa legítima para ello.

21. b) El principio de seguridad de la información.

22. a) Principio de responsabilidad proactiva.

23. a) Adicional.

24. b) Rectificación.

25. c) No se considerará comunicación de datos siempre que se cumpla lo establecido en el RGPD, en la citada ley orgánica y en sus normas de desarrollo.

26. d) Transparente.

27. b) Al responsable de protección de datos.

28. a) El responsable del tratamiento determinará si los datos personales deben ser destruidos, devueltos al responsable o entregados, en su caso, a un nuevo encargado.

29. d) Sí, previa autorización por escrito, específica o general, del responsable.

30. a) Tendrá la consideración de responsable del tratamiento.

TEST N.º 16

Decreto 42/2019, de 28 de marzo, por el que se regula el Régimen Jurídico y Organizativo de la Atención Ciudadana y del ejercicio de la Función Administrativa de Registro en la Administración de la Comunidad Autónoma de Cantabria

1. ¿Cuál es el objetivo principal del Decreto 42/2019, de 28 de marzo?

a) Regular el sistema judicial en Cantabria.
b) Establecer el régimen jurídico y organizativo de la atención ciudadana y el registro administrativo en Cantabria.
c) Crear nuevas oficinas administrativas en Cantabria.
d) Promover la digitalización de los trámites administrativos.

2. Según el artículo 4 del Decreto 42/2019, ¿qué principio debe guiar la atención ciudadana en la Administración de la Comunidad Autónoma de Cantabria?

a) Exclusividad en el acceso a la información.
b) Promoción del acceso desigual a los servicios.
c) Carácter opcional en el uso de nuevas tecnologías.
d) Confidencialidad, de acuerdo con la normativa reguladora de protección de datos personales.

3. Según el artículo 4 del Decreto 42/2019, de 28 de marzo, por el que se regula el Régimen Jurídico y Organizativo de la Atención Ciudadana y del ejercicio de la Función Administrativa de Registro en la Administración de la Comunidad Autónoma de Cantabria, uno de los principios a los que se ha de ajustar, con carácter general, la atención ciudadana es:

a) Transparencia, de acuerdo con la normativa reguladora de protección de datos personales.
b) Dinamismo, simplificación, proactividad, integración, proximidad y responsabilidad en la prestación de los servicios de atención ciudadana, y en general, en el trato con las personas.
c) Deferencia, esmero y máximo respeto en el servicio a los ciudadanos/as y a los intereses públicos.
d) Neutralidad y adaptación progresiva a los cambios tecnológicos para garantizar la mayor calidad y eficacia en los servicios de atención ciudadana.

4. Según el Decreto 42/2019, los órganos y unidades administrativas de la Administración de la Comunidad Autónoma de Cantabria deben colaborar con las personas encargadas de la atención ciudadana para:

a) Gestionar la financiación de proyectos privados.
b) Facilitar la promoción política.
c) El adecuado cumplimiento de sus funciones.
d) Descentralizar los servicios administrativos.

5. Según el artículo 5 del Decreto 42/2019, de 28 de marzo, una de las funciones comprendidas en la atención ciudadana es:

a) Orientar y asesorar a los ciudadanos en la obtención de la información administrativa general y particular.
b) Organizar, a través de un sistema informatizado, la asignación de turnos de atención minimizando el tiempo de espera y garantizando la orientación correcta de las personas dentro de la Administración de la Comunidad Autónoma de Cantabria.
c) Proporcionar soporte funcional sobre el acceso al sistema de quejas y sugerencias.
d) Informar y orientar a los ciudadanos sobre los medios de participación y colaboración.

6. En función de su contenido, la información administrativa puede ser:

a) Inmediata o diferida.
b) Libre o restringida.
c) De carácter general o particular.
d) Directa o indirecta.

7. En relación a la naturaleza y efectos de la información administrativa, es cierto que:

a) Tiene como objeto facilitar una respuesta a cuestiones de naturaleza meramente orientativa o informativa, respecto del giro o tráfico administrativo.
b) Podrá generar efectos jurídicos derivados del contenido o forma de la misma.
c) Se podrá invocar a efectos de interrupción o suspensión de plazos, caducidad o prescripción.
d) Podrá servir de instrumento formal de notificación en el expediente.

8. ¿Qué implica el principio de "objetividad, eficacia y eficiencia" mencionado en el Decreto 42/2019?

a) La prestación de servicios únicamente a los ciudadanos con recursos.
b) La gestión de los servicios públicos sin tener en cuenta los intereses públicos.
c) La gestión eficiente del servicio para atender a los ciudadanos y los intereses públicos.
d) La prestación de servicios administrativos sin ningún tipo de control.

9. ¿Cuál es el objetivo de la información administrativa general según el Decreto 42/2019?

a) Ofrecer solo información sobre procedimientos judiciales.
b) Proporcionar una visión global y homogénea de la actividad de la Administración de la Comunidad Autónoma de Cantabria.
c) Facilitar únicamente información a personas interesadas en un procedimiento.
d) Proporcionar una visión fragmentada de la actividad administrativa.

10. Según el Decreto 42/2019, la información administrativa general:

a) Se facilita sin exigir la condición de interesado en un procedimiento.
b) Solo puede ser facilitada a personas interesadas en un procedimiento.
c) Solo se proporciona mediante cita previa.
d) Requiere autorización judicial para su acceso.

11. Conforme al artículo 11 del Decreto 42/2019, la información administrativa en la que se necesite realizar la consulta a otro órgano o unidad de la Administración de la Comunidad Autónoma de Cantabria, será facilitada en un plazo máximo de:

a) 7 días.
b) 10 días.
c) 15 días.
d) 20 días.

12. ¿Cuál es el número telefónico de información general de la Administración de la Comunidad Autónoma de Cantabria?

a) El 012.
b) El 112.
c) El 102.
d) El 002.

13. ¿Cuál de las siguientes afirmaciones es correcta en relación con la información administrativa particular?

a) Puede ser facilitada a cualquier ciudadano.
b) Solo puede ser proporcionada a personas interesadas en el procedimiento o a sus representantes legales.
c) Es de acceso público sin restricciones.
d) Debe solicitarse por medios electrónicos obligatoriamente.

14. ¿Qué efectos tiene la información administrativa facilitada por la OAC según el Decreto 42/2019?

a) Genera efectos jurídicos formales.
b) Puede invocarse para interrumpir plazos administrativos.

c) No genera efectos jurídicos derivados del contenido o forma de la misma.
d) Tiene valor como notificación formal en procedimientos.

15. ¿Qué plazo tiene un órgano administrativo para responder a una solicitud de información cuando requiere consulta a otro órgano según el Decreto 42/2019?

a) Dos días.
b) Cinco días.
c) Diez días.
d) Quince días.

16. ¿Qué ocurre si la información solicitada oralmente no corresponde a la Administración de la Comunidad Autónoma de Cantabria?

a) Se rechazará la solicitud.
b) Se informará al solicitante de la administración competente.
c) Se redirigirá la solicitud al órgano judicial competente.
d) Se dará traslado a la administración competente solo si lo solicita la persona interesada.

17. ¿Cuál es la unidad administrativa coordinadora de los servicios de información y atención ciudadana en el ámbito de la Administración de la Comunidad Autónoma de Cantabria?

a) El Servicio de Atención al Público.
b) La Oficina de Colaboración y Participación Ciudadana.
c) El Servicio de Inspección y Control.
d) La Oficina de Atención Ciudadana.

18. La propuesta planteada que tenga como finalidad la mejora del funcionamiento o de la forma de prestación de un servicio, es:

a) Una queja.
b) Una demanda.
c) Una sugerencia.
d) Una petición.

19. ¿Qué principio se promueve para la gestión de los contenidos del Portal Web Institucional?

a) Dominio fragmentado.
b) Dominio único y plataforma tecnológica única de gestión de contenidos.
c) Separación por organismos autónomos sin coordinación.
d) Independencia total de las consejerías en la gestión de contenidos.

20. ¿Qué se entiende por queja según el artículo 24 del Decreto 42/2019?

a) Una sugerencia de mejora del servicio.
b) La expresión de satisfacción con el funcionamiento de un servicio.
c) La expresión de una disconformidad o insatisfacción con la prestación de un servicio o el funcionamiento de un órgano.
d) Una denuncia formal ante la administración.

21. ¿Quién puede presentar una queja o sugerencia sobre el funcionamiento de las unidades administrativas de la Comunidad Autónoma de Cantabria?

a) Cualquier persona física o jurídica, debidamente identificada.
b) Solo personas físicas mayores de edad.
c) Solo las personas que trabajen para la Administración Pública.
d) Solo personas jurídicas que presten servicios al Gobierno.

22. ¿Qué servicios están excluidos de las quejas o sugerencias reguladas por el Decreto 42/2019?

a) Los servicios de atención al ciudadano.
b) Los servicios de inspección y control de calidad.
c) El Servicio Cántabro de Salud y otros servicios públicos con regulación específica.
d) Los servicios electrónicos de la sede de Cantabria.

23. ¿En cuánto tiempo debe notificarse a la persona interesada las actuaciones realizadas en respuesta a una queja o sugerencia?

a) En un plazo de 5 días hábiles.
b) En un plazo de 30 días naturales.
c) En un plazo de 20 días hábiles.
d) En un plazo de 15 días hábiles.

24. ¿Qué informe elaborará trimestralmente la Inspección General de Servicios respecto a las quejas y sugerencias presentadas?

a) Un informe trimestral estructurado por consejerías y tipología.
b) Un informe semestral sobre las mejoras de los servicios.
c) Un informe mensual sobre el estado de las quejas.
d) Un informe anual de calidad.

25. ¿Cuál de las siguientes afirmaciones es correcta sobre las quejas formuladas conforme al Decreto 42/2019?

a) La presentación de una queja interrumpe los plazos administrativos.
b) Las quejas tendrán la calificación de solicitud de inicio de expediente administrativo.

c) Las quejas condicionan el ejercicio de otros derechos administrativos.

d) La presentación de una queja no interrumpe los plazos establecidos en la normativa vigente.

26. ¿Cuál es la finalidad del Registro Electrónico General?

a) Gestionar exclusivamente los documentos internos de la Administración de Cantabria.

b) Anotar la presentación de escritos, solicitudes o documentos para su tramitación con destino a cualquier órgano o unidad administrativa adscrita a distintas administraciones.

c) Almacenar datos de los ciudadanos sin procesarlos.

d) Supervisar las comunicaciones electrónicas entre ciudadanos y el Gobierno.

27. ¿Qué orden deberán seguir los asientos que se anoten en el Registro Electrónico General?

a) Alfabético.

b) Temporal, indicando fecha y hora del documento.

c) Por categoría de documento.

d) Por orden de importancia asignada.

28. Según el Decreto 42/2019, ¿cuál es la disponibilidad del Registro Electrónico General de Cantabria?

a) De lunes a viernes, de 8:00 a 15:00 horas.

b) Solo en días hábiles.

c) De 9:00 a 18:00 horas, de lunes a sábado.

d) Las 24 horas todos los días del año.

29. ¿Qué ocurre si un documento se presenta en un día inhábil en el Registro Electrónico General?

a) Se considera como no presentado.

b) Se presenta de manera retroactiva al día anterior.

c) Se entiende como presentado a la primera hora del siguiente día hábil.

d) Se rechaza automáticamente.

30. ¿Qué información mínima debe contener un asiento de registro según el Decreto 42/2019?

a) Fecha y hora de presentación, número de registro, tipo de documento.

b) Solo el nombre del remitente y el destinatario.

c) Solo el número de registro y tipo de documento.

d) Código postal del remitente y resumen del contenido.

31. En caso de una incidencia técnica que impida el funcionamiento del Registro Electrónico General, ¿qué medida puede tomar la Administración?

a) Ampliar el plazo vencido por un periodo igual a la interrupción.
b) Ampliar el plazo no vencido por un periodo igual al tiempo de interrupción.
c) No realizar ninguna modificación en los plazos.
d) Anular las solicitudes presentadas durante la interrupción.

32. ¿Qué se debe hacer cuando se presenta un documento en papel en las oficinas de registro?

a) El documento se devuelve sin registrar.
b) Se archiva sin más trámite.
c) Se digitaliza y se devuelve el original al solicitante.
d) Se retiene el documento en la oficina.

33. ¿Quién es responsable de hacer pública y mantener actualizada la relación de oficinas de asistencia en materia de registro?

a) La Oficina de Asistencia en materia de Registro Electrónico General.
b) Las secretarías generales de las Consejerías.
c) La Consejería competente en materia de registro.
d) El Boletín Oficial de Cantabria.

34. ¿Quién puede crear, actualizar o suprimir las oficinas de asistencia en materia de registro delegadas?

a) El Consejo de Gobierno.
b) Las entidades locales.
c) La Oficina de Asistencia en materia de Registro Electrónico General.
d) La Consejería competente en materia de registro.

35. ¿Cuál de las siguientes es una función de las oficinas de asistencia en materia de registro según el Decreto 42/2019?

a) Realización de trámites financieros.
b) Custodia permanente de documentos originales.
c) Recepción y digitalización de solicitudes en papel.
d) Emisión de resoluciones administrativas.

Solución al test n.º 16

1. b) Establecer el régimen jurídico y organizativo de la atención ciudadana y el registro administrativo en Cantabria.

2. d) Confidencialidad, de acuerdo con la normativa reguladora de protección de datos personales.

3. d) Neutralidad y adaptación progresiva a los cambios tecnológicos para garantizar la mayor calidad y eficacia en los servicios de atención ciudadana.

4. c) El adecuado cumplimiento de sus funciones.

5. b) Organizar, a través de un sistema informatizado, la asignación de turnos de atención minimizando el tiempo de espera y garantizando la orientación correcta de las personas dentro de la Administración de la Comunidad Autónoma de Cantabria.

6. c) De carácter general o particular.

7. a) Tiene como objeto facilitar una respuesta a cuestiones de naturaleza meramente orientativa o informativa, respecto del giro o tráfico administrativo.

8. c) La gestión eficiente del servicio para atender a los ciudadanos y los intereses públicos.

9. b) Proporcionar una visión global y homogénea de la actividad de la Administración de la Comunidad Autónoma de Cantabria.

10. a) Se facilita sin exigir la condición de interesado en un procedimiento.

11. c) 15 días.

12. a) El 012.

13. b) Solo puede ser proporcionada a personas interesadas en el procedimiento o a sus representantes legales.

14. c) No genera efectos jurídicos derivados del contenido o forma de la misma.

15. c) Diez días.

16. b) Se informará al solicitante de la administración competente.

17. d) La Oficina de Atención Ciudadana.

18. c) Una sugerencia.

19. b) Dominio único y plataforma tecnológica única de gestión de contenidos.

20. c) La expresión de una disconformidad o insatisfacción con la prestación de un servicio o el funcionamiento de un órgano.

21. a) Cualquier persona física o jurídica, debidamente identificada.

22. c) El Servicio Cántabro de Salud y otros servicios públicos con regulación específica.

23. c) En un plazo de 20 días hábiles.

24. a) Un informe trimestral estructurado por consejerías y tipología.

25. d) La presentación de una queja no interrumpe los plazos establecidos en la normativa vigente.

26. b) Anotar la presentación de escritos, solicitudes o documentos para su tramitación con destino a cualquier órgano o unidad administrativa adscrita a distintas administraciones.

27. b) Temporal, indicando fecha y hora del documento.

28. d) Las 24 horas todos los días del año.

29. c) Se entiende como presentado a la primera hora del siguiente día hábil.

30. a) Fecha y hora de presentación, número de registro, tipo de documento.

31. b) Ampliar el plazo no vencido por un periodo igual al tiempo de interrupción.

32. c) Se digitaliza y se devuelve el original al solicitante.

33. c) La Consejería competente en materia de registro.

34. d) La Consejería competente en materia de registro.

35. c) Recepción y digitalización de solicitudes en papel.

TEST N.º 17

La gestión de la documentación en los archivos de oficina: Ley 3/2002, de 28 de junio de Archivos de Cantabria (Título I. Capítulo IV del Título II)

1. ¿Qué competencia exclusiva otorga el artículo 24.16, del Estatuto de Autonomía para Cantabria a la Comunidad Autónoma?

a) La gestión de archivos estatales de interés autonómico.
b) La elaboración de leyes de protección del Patrimonio Cultural.
c) La competencia exclusiva en materia de archivos de interés autonómico cuya titularidad no sea estatal.
d) La creación del Sistema de Archivos de Cantabria.

2. ¿Cuál es uno de los principales objetivos de la Ley 3/2002, de Archivos de Cantabria?

a) Regular el acceso de los ciudadanos a los archivos y proteger el Patrimonio Documental de Cantabria.
b) Establecer un régimen específico de protección del Patrimonio Artístico.
c) Centralizar la gestión de todos los archivos de titularidad estatal.
d) Reorganizar el contenido del Patrimonio Arqueológico de Cantabria.

3. ¿Qué establece el artículo 105.5 de la Ley de Cantabria 11/1998, de Patrimonio Cultural de Cantabria?

a) La creación de un nuevo archivo estatal en Cantabria.
b) La elaboración de una ley específica que regule el funcionamiento del Sistema de Archivos de Cantabria.
c) La obligación de digitalizar todos los documentos patrimoniales.
d) La disolución de archivos de titularidad estatal en Cantabria.

4. ¿Cuál de los siguientes elementos no es esencial en la definición de "documento"?

a) El objeto físico tangible que sirve de soporte de la información.
b) La obra de creación o investigación publicada.

c) La información o el mensaje que comunica.

d) El proceso de documentación o sistema de información al que pertenece.

5. ¿Qué función NO corresponde a los Centros de Archivo, según el artículo 11.2, de la Ley 3/2002?

a) Reunir y custodiar los documentos correspondientes a su ámbito material.

b) Facilitar el acceso de los ciudadanos y proporcionar información a las Administraciones públicas.

c) Ordenar y clasificar los documentos reunidos según criterios preestablecidos.

d) Crear y publicar documentos administrativos.

6. ¿Cuál es el significado etimológico de la palabra «documento»?

a) Prueba o evidencia de una actividad.

b) Instrucción o consejo que se da a uno en cualquier materia.

c) Enseñanza o transmisión de algo.

d) Conjunto de datos registrados en cualquier formato.

7. ¿Qué se entiende por «documentos administrativos»?

a) Documentos que se archivan sin valor legal.

b) Soporte en el que se materializan los actos de la Administración Pública.

c) Documentos personales de los funcionarios públicos.

d) Documentos que solo se utilizan para fines históricos.

8. Según el artículo 4 de la Ley 3/2002, ¿qué se considera un Archivo?

a) Un conjunto orgánico de documentos reunidos por instituciones públicas o privadas.

b) Un lugar donde se almacenan documentos sin clasificar.

c) Un archivo digital de documentos.

d) Un espacio dedicado a la destrucción de documentos obsoletos.

9. ¿Cuál de las siguientes es una de las funciones de los Centros de Archivo según el artículo 11.2 de la Ley 3/2002?

a) Clasificar documentos según su antigüedad.

b) Reunir los documentos y archivos correspondientes para su custodia.

c) Destruir documentos innecesarios.

d) Crear documentos nuevos para la Administración Pública.

10. ¿Qué entidades generan, reúnen y conservan documentos que forman parte del Patrimonio Documental de Cantabria?

a) El Gobierno de España y sus órganos en Madrid.

b) La Universidad de Cantabria y las personas físicas titulares de órganos públicos en Cantabria.

c) Organizaciones internacionales con sede en Cantabria.

d) Fundaciones privadas en otras regiones de España.

11. ¿Cuál de los siguientes organismos NO está incluido explícitamente en el Patrimonio Documental de Cantabria según el artículo 5 de la Ley 3/2002?

a) El Parlamento de Cantabria.

b) Las Administraciones Locales de Cantabria.

c) Las Universidades privadas de Cantabria.

d) Los órganos de la Administración de Justicia radicados en Cantabria.

12. ¿Qué antigüedad deben tener los documentos generados por entidades privadas o personas físicas para formar parte del Patrimonio Documental de Cantabria?

a) 20 años.

b) 50 años.

c) 100 años.

d) 200 años.

13. ¿Qué organismos producen o reúnen documentos que, sin perjuicio de la legislación del Estado, también forman parte del Patrimonio Documental de Cantabria?

a) Las Administraciones Locales de otras Comunidades Autónomas.

b) Los órganos de la Administración periférica del Estado en Cantabria.

c) Empresas multinacionales establecidas en Cantabria.

d) Asociaciones internacionales sin sede en Cantabria.

14. ¿Cuánto tiempo deben custodiar las unidades administrativas los documentos que generan o reúnen en la fase de archivo de oficina?

a) Cinco años.

b) Tres años.

c) Siete años.

d) Diez años.

15. ¿Qué sucede con los documentos transcurridos cinco años en la fase de Archivo Central?

a) Se destruyen automáticamente.

b) Se envían al Archivo Histórico.

c) Se archivan de forma indefinida en la unidad administrativa.

d) Se transfieren al Archivo Central, siempre que afecten a derechos o intereses de la Comunidad Autónoma o de los ciudadanos.

16. ¿Cuánto tiempo debe pasar para que los documentos reciban el tratamiento correspondiente a su valor permanente en la fase de archivo histórico?

a) Ocho años.
b) Diez años.
c) Quince años.
d) Veinte años.

17. Según el artículo 25 de la Ley 3/2002, ¿qué tipo de documentos deben ser transferidos anualmente al Archivo Central?

a) Documentos que no afectan a derechos o intereses.
b) Documentos de carácter administrativo firmes que afecten a derechos o intereses.
c) Documentos que han sido archivados en oficina por más de cinco años.
d) Documentos que no han sido utilizados en cinco años.

18. ¿Qué órgano puede motivar el aplazamiento del envío de un documento al Archivo Central?

a) La Comisión de Patrimonio Documental de Cantabria.
b) La unidad administrativa afectada.
c) El órgano superior de la unidad afectada.
d) El Archivo de la Comunidad Autónoma de Cantabria.

19. ¿En qué fase se transfieren los documentos al Archivo de la Comunidad Autónoma de Cantabria, según el artículo 25 de la Ley 3/2002?

a) Inmediatamente después de su creación.
b) Después de cinco años de custodia en la unidad administrativa.
c) Después de quince años de estar en el Archivo Intermedio.
d) Después de diez años desde su entrada en el Archivo Central.

20. ¿Qué define una serie documental según el artículo 26 de la Ley 3/2002?

a) Un conjunto aleatorio de documentos sin relación entre sí.
b) Un conjunto organizado y homogéneo de documentos producidos o recibidos por una oficina en el desarrollo de una función concreta.
c) Una colección de documentos de diferentes oficinas sin un criterio de organización.
d) Un conjunto de documentos digitales almacenados en una base de datos.

21. ¿Qué principios se deben respetar en las diferentes fases de los archivos según el artículo 26 de la Ley 3/2002?

a) Principios de confidencialidad y accesibilidad.
b) Principios de conservación y eliminación.

c) Principios de procedencia y orden original.

d) Principios de clasificación y destrucción.

22. ¿Qué principios se deben respetar en las diferentes fases de archivos?

a) Exclusividad y confidencialidad de los documentos.

b) Digitalización y accesibilidad inmediata de los documentos.

c) Aislamiento y categorización de documentos.

d) Procedencia y orden original de los documentos.

23. ¿Cuál es el objetivo de la identificación documental?

a) Analizar la validez legal de los documentos.

b) Estudiar la estructura orgánica y funciones del órgano productor de los documentos y determinar las series documentales.

c) Destruir documentos obsoletos.

d) Clasificar documentos según su antigüedad.

24. ¿Qué actividad es un requisito previo para el expurgo y eliminación de documentos?

a) Valoración documental.

b) Clasificación de documentos.

c) Identificación documental.

d) Digitalización de documentos.

25. ¿Qué implica el término «expurgo»?

a) La creación de nuevas series documentales.

b) La conservación indefinida de todos los documentos.

c) La selección de documentos que serán destruidos según plazos establecidos.

d) La revisión de documentos para su publicación.

26. Según el artículo 27 de la Ley 3/2002, ¿qué determina la valoración documental?

a) La antigüedad de los documentos.

b) Las necesidades administrativas, fiscales o legales y su importancia para la investigación.

c) El formato en que se presentan los documentos.

d) La ubicación física de los documentos en el archivo.

27. ¿Qué implica una transferencia regular de documentos?

a) La destrucción de documentos obsoletos.

b) La digitalización de documentos.

c) La creación de nuevos documentos.

d) La entrega ordenada de documentos de una fase a otra.

28. ¿Cuál es la característica principal de una transferencia extraordinaria de documentos?

a) Se realiza en circunstancias excepcionales que impiden su custodia.
b) Ocurre de forma programada cada año.
c) Implica la eliminación de documentos irrelevantes.
d) Solo se aplica a documentos firmes.

29. ¿Qué criterio se debe seguir al realizar transferencias de documentos?

a) Las transferencias deben ser autorizadas por el Archivo Central.
b) Las transferencias no necesitan ser registradas.
c) Las transferencias pueden hacerse sin documentación.
d) Se deben respetar los plazos previstos en la Ley 3/2002.

30. ¿Quiénes son responsables de velar por que las transferencias de documentos se realicen conforme a la Ley 3/2002?

a) Los archiveros de la Comunidad Autónoma de Cantabria.
b) Los responsables de las distintas unidades.
c) Los usuarios del archivo.
d) La Comisión de Patrimonio Documental de Cantabria.

Solución al test n.º 17

1. c) La competencia exclusiva en materia de archivos de interés autonómico cuya titularidad no sea estatal.

2. a) Regular el acceso de los ciudadanos a los archivos y proteger el Patrimonio Documental de Cantabria.

3. b) La elaboración de una ley específica que regule el funcionamiento del Sistema de Archivos de Cantabria.

4. b) La obra de creación o investigación publicada.

5. d) Crear y publicar documentos administrativos.

6. c) Enseñanza o transmisión de algo.

7. b) Soporte en el que se materializan los actos de la Administración Pública.

8. a) Un conjunto orgánico de documentos reunidos por instituciones públicas o privadas.

9. b) Reunir los documentos y archivos correspondientes para su custodia.

10. b) La Universidad de Cantabria y las personas físicas titulares de órganos públicos en Cantabria.

11. c) Las Universidades privadas de Cantabria.

12. c) 100 años.

13. b) Los órganos de la Administración periférica del Estado en Cantabria.

14. a) Cinco años.

15. d) Se transfieren al Archivo Central, siempre que afecten a derechos o intereses de la Comunidad Autónoma o de los ciudadanos.

16. c) Quince años.

17. b) Documentos de carácter administrativo firmes que afecten a derechos o intereses.

18. c) El órgano superior de la unidad afectada.

19. d) Después de diez años desde su entrada en el Archivo Central.

20. b) Un conjunto organizado y homogéneo de documentos producidos o recibidos por una oficina en el desarrollo de una función concreta.

21. c) Principios de procedencia y orden original.

22. d) Procedencia y orden original de los documentos.

23. b) Estudiar la estructura orgánica y funciones del órgano productor de los documentos y determinar las series documentales.

24. a) Valoración documental.

25. c) La selección de documentos que serán destruidos según plazos establecidos.

26. b) Las necesidades administrativas, fiscales o legales y su importancia para la investigación.

27. d) La entrega ordenada de documentos de una fase a otra.

28. a) Se realiza en circunstancias excepcionales que impiden su custodia.

29. d) Se deben respetar los plazos previstos en la Ley 3/2002.

30. b) Los responsables de las distintas unidades.

TEST N.º 18

Decreto 60/2018, de 12 de julio, por el que se regula el régimen jurídico de la Administración de la Comunidad Autónoma de Cantabria en el uso de medios electrónicos en su actividad administrativa y sus relaciones con los ciudadanos

1. ¿Cuál es uno de los principales objetivos de la Administración electrónica?

a) Incrementar la burocracia en las relaciones con los ciudadanos.
b) Mejorar la eficiencia interna, las relaciones interadministrativas y con los ciudadanos.
c) Sustituir completamente a la Administración presencial.
d) Limitar el acceso de los ciudadanos a los servicios públicos.

2. ¿Qué caracteriza al moderno Derecho Público en relación con la Administración electrónica, entre otras cosas?

a) La eliminación total de la documentación en papel en todas las Administraciones.
b) Su aplicación solo a las Administraciones Locales.
c) La imposición del formato electrónico en todos los trámites y su aplicación a todo el sector público.
d) La creación de nuevos organismos exclusivamente electrónicos.

3. ¿Cuál es el objeto principal del Decreto 60/2018, de 12 de julio, por el que se regula el régimen jurídico de la Administración de la Comunidad Autónoma de Cantabria en el uso de medios electrónicos en su actividad administrativa y sus relaciones con los ciudadanos, según su artículo 1?

a) Regular el régimen jurídico de la Administración de Cantabria en el uso de medios electrónicos en sus actividades y relaciones con los ciudadanos.
b) Regular el uso de medios electrónicos en las relaciones entre Administraciones Locales.
c) Establecer la obligatoriedad del uso exclusivo de medios electrónicos en todo el país.
d) Sustituir completamente los medios tradicionales por medios electrónicos en la Administración de Cantabria.

4. ¿Cuál de los siguientes principios NO está incluido en el uso de medios electrónicos según el Decreto 60/2018?

a) Transparencia.
b) Neutralidad tecnológica.
c) Discriminación.
d) Interoperabilidad.

5. ¿Qué deben incluir necesariamente los sistemas de información o servicios de administración electrónica según el Decreto 60/2018?

a) Medidas de accesibilidad para personas con discapacidad.
b) Exclusivamente herramientas de almacenamiento en la nube.
c) Solo aplicaciones informáticas específicas para cada departamento.
d) Medidas de seguridad del Esquema Nacional de Seguridad y la legislación de protección de datos.

6. ¿Quién es responsable de la implantación y gestión de los servicios comunes de administración electrónica en la Comunidad Autónoma de Cantabria según el Decreto 60/2018?

a) La Consejería de Economía.
b) La Dirección General competente en administración electrónica.
c) Los organismos públicos dependientes de cada consejería.
d) La Oficina del Defensor del Pueblo.

7. ¿Quién es responsable de la gestión tecnológica, administración, seguridad y mantenimiento de la sede electrónica de la Administración de la Comunidad Autónoma de Cantabria?

a) La Consejería de Economía.
b) La Dirección General competente en administración electrónica.
c) Cada organismo público vinculado.
d) El Parlamento de Cantabria.

8. ¿Qué información mínima debe incluir la sede electrónica de la Administración de la Comunidad Autónoma de Cantabria, según el Decreto 60/2018?

a) El mapa de navegación, la fecha y hora oficial, y enlaces al Boletín Oficial de Cantabria.
b) Solo la identificación de la sede y el órgano titular de la competencia.
c) Los servicios disponibles y las direcciones de correo electrónico de todos los empleados públicos.
d) Únicamente los enlaces a procedimientos administrativos.

9. ¿Qué organismo es responsable de la seguridad del registro electrónico general de la Administración de la Comunidad Autónoma de Cantabria, según el Decreto 60/2018?

a) La Consejería competente en materia de registro.
b) El Consejo de Gobierno de la Comunidad Autónoma de Cantabria.
c) Los organismos públicos vinculados a la Administración.
d) La Dirección General competente en materia de administración electrónica.

10. Según el artículo 14 del Decreto 60/2018, ¿qué se publicará en la sede electrónica de la Comunidad Autónoma de Cantabria?

a) La relación de sistemas de identificación y firma electrónicos admitidos y los trámites válidos.
b) La lista de todos los ciudadanos que utilizan firma electrónica.
c) La normativa de la Administración de la Comunidad Autónoma de Cantabria.
d) Los datos personales de los interesados que usen firma electrónica.

11. Según la LPACAP, ¿cuál es la principal novedad de esta ley respecto a la identificación y firma electrónica?

a) La eliminación de la necesidad de identificación en el procedimiento administrativo.
b) La fusión de los procesos de identificación y firma en uno solo.
c) La separación entre identificación y firma electrónica.
d) La exigencia de firma electrónica para todos los procedimientos administrativos.

12. ¿Qué sistema de identificación y firma electrónica pueden emplear las personas físicas según el artículo 16 del Decreto 60/2018?

a) Cl@ve única.
b) Cl@ve ocasional (cl@ve PIN), cl@ve permanente y cl@ve firma.
c) Cl@ve temporal.
d) Cl@ve certificada.

13. Según el artículo 14.2 de la LPACAP, ¿quiénes tienen la obligación de relacionarse con las Administraciones Públicas a través de medios electrónicos?

a) Solo las personas físicas.
b) Solo los notarios y registradores.
c) Todos los ciudadanos sin excepción.
d) Las entidades sin personalidad jurídica y las personas jurídicas.

14. ¿Qué establece la Ley 6/2020 respecto a las personas jurídicas en relación con la firma electrónica?

a) Solo pueden utilizar el sello electrónico para garantizar la autenticidad de documentos.
b) Pueden obtener certificados de firma electrónica.

c) Pueden firmar electrónicamente como cualquier persona física.
d) Deben utilizar medios tradicionales para todos los trámites.

15. ¿Qué debe garantizar el convenio de habilitación según el artículo 5.7 de la LPACAP?

a) El cumplimiento de la legislación sobre protección de datos.
b) El respeto a los principios de objetividad, proporcionalidad y no discriminación.
c) La exclusión de la corporación, asociación o institución firmante.
d) La presentación de documentos únicamente por parte de personas físicas.

16. ¿Qué ocurre si una persona firmante del documento individualizado de adhesión incumple las obligaciones asumidas?

a) Se le otorgará una segunda oportunidad para cumplir.
b) Se le exigirá responsabilidad sin procedimiento previo.
c) La habilitación seguirá vigente a pesar del incumplimiento.
d) Su exclusión del convenio será inmediata.

17. ¿Qué información deben contener los asientos en los registros electrónicos generales y particulares de apoderamientos?

a) Solo el nombre del poderdante y el apoderado.
b) La fecha de inscripción y el tipo de poder otorgado.
c) Nombre, apellidos, documento de identidad y tipo de poder, entre otros datos.
d) Únicamente la duración del poder.

18. ¿Cuál es la validez máxima de un poder inscrito en el registro electrónico de apoderamientos?

a) Dos años.
b) Tres años.
c) Cuatro años.
d) Cinco años.

19. ¿Qué debe hacer un interesado que no disponga de medios electrónicos para la identificación o firma electrónica en un procedimiento administrativo?

a) Presentar el documento sin necesidad de identificación.
b) Solicitar la ayuda de un abogado.
c) Identificarse ante un funcionario y prestar su consentimiento expreso.
d) No podrá realizar ningún trámite administrativo.

20. ¿Cuál es la finalidad del certificado cualificado de autenticación de sitio web de la sede electrónica de la Administración de la Comunidad Autónoma de Cantabria?

a) Garantizar el acceso a internet de los usuarios.
b) Identificar la sede electrónica y garantizar la privacidad de las comunicaciones.

c) Facilitar la presentación de documentos sin firma electrónica.

d) Permitir la delegación de firmas electrónicas.

21. ¿Qué no puede ser objeto de delegación según el artículo 23 del Decreto 60/2018?

a) La firma de documentos administrativos.

b) La adopción de disposiciones de carácter general.

c) La resolución de recursos en los órganos administrativos.

d) Las competencias relativas a la gestión de procedimientos administrativos.

22. ¿Según el artículo 24 del Decreto 60/2018, quiénes pueden emplear sistemas de identificación y firma electrónica avanzada basados en certificado electrónico cualificado?

a) Solo los ciudadanos que realicen trámites administrativos.

b) Cualquier persona que tenga acceso a internet.

c) Solo los altos cargos de la Administración.

d) Los titulares y miembros de los órganos, así como los empleados públicos de la Administración de la Comunidad Autónoma de Cantabria.

23. ¿Qué información debe incluir el certificado cualificado de sello electrónico según el artículo 25 del Decreto 60/2018?

a) Una referencia específica con la denominación completa de la entidad y, en su caso, del órgano al que identifica.

b) La fecha de emisión del certificado.

c) La firma del titular del órgano.

d) La dirección electrónica de la sede administrativa.

24. ¿Qué es el Código Seguro de Verificación (CSV) en el contexto de la Administración Pública española?

a) Un código que garantiza la confidencialidad de los documentos.

b) Un sistema de firma electrónica para documentos en papel.

c) Un código único que identifica a un documento electrónico.

d) Un código que se utiliza para sellar documentos físicos.

25. Según el artículo 27 del Decreto 60/2018, ¿qué deberá incluir la política de firma y de certificados electrónicos de la Administración de la Comunidad Autónoma de Cantabria?

a) Un listado de documentos a firmar.

b) Los procedimientos de generación, validación y conservación de firmas electrónicas.

c) La creación de un archivo físico de documentos.

d) Un sistema de verificación basado en códigos QR.

26. ¿Qué condición se debe cumplir para que los documentos electrónicos transmitidos entre Administraciones Públicas sean considerados válidos a efectos de autenticación e identificación?

a) Los documentos deben estar firmados en papel.
b) Los participantes deben pertenecer a la misma Administración.
c) Se debe garantizar la seguridad del entorno cerrado de comunicaciones.
d) Los documentos deben ser enviados por correo postal.

27. Según el artículo 30 del Decreto 60/2018, ¿quién determinará las condiciones y garantías para la transmisión de documentos electrónicos en la Comunidad Autónoma de Cantabria?

a) El gobierno nacional.
b) La Dirección General competente en materia de administración electrónica.
c) Los ciudadanos interesados.
d) Los organismos de la Unión Europea.

28. ¿Qué caracteriza a las comunicaciones electrónicas internas informales según el Decreto 60/2018?

a) Requieren acreditación especial de la identidad.
b) Generan efectos jurídicos derivados de su contenido.
c) No interrumpen los plazos de los procedimientos administrativos.
d) Deben ser registradas formalmente.

29. Según el artículo 34 del Decreto 60/2018, ¿qué debe incluir una comunicación electrónica interna procedimental?

a) Un documento principal que no requiere firma electrónica.
b) Un justificante de recepción que se archiva físicamente.
c) Un documento principal que debe estar firmado electrónicamente.
d) Solo documentos informativos sin validez legal.

30. ¿Cuál es la finalidad de las comunicaciones electrónicas informativas según el artículo 37 del Decreto 60/2018?

a) Generar efectos jurídicos vinculantes.
b) Obtener información general o especializada sin efectos jurídicos.
c) Interrumpir plazos administrativos.
d) Presentar reclamaciones administrativas.

Solución al test n.º 18

1. b) Mejorar la eficiencia interna, las relaciones interadministrativas y con los ciudadanos.

2. c) La imposición del formato electrónico en todos los trámites y su aplicación a todo el sector público.

3. a) Regular el régimen jurídico de la Administración de Cantabria en el uso de medios electrónicos en sus actividades y relaciones con los ciudadanos.

4. c) Discriminación.

5. d) Medidas de seguridad del Esquema Nacional de Seguridad y la legislación de protección de datos.

6. b) La Dirección General competente en administración electrónica.

7. b) La Dirección General competente en administración electrónica.

8. a) El mapa de navegación, la fecha y hora oficial, y enlaces al Boletín Oficial de Cantabria.

9. d) La Dirección General competente en materia de administración electrónica.

10. a) La relación de sistemas de identificación y firma electrónicos admitidos y los trámites válidos.

11. c) La separación entre identificación y firma electrónica.

12. b) Cl@ve ocasional (cl@ve PIN), cl@ve permanente y cl@ve firma.

13. d) Las entidades sin personalidad jurídica y las personas jurídicas.

14. a) Solo pueden utilizar el sello electrónico para garantizar la autenticidad de documentos.

15. b) El respeto a los principios de objetividad, proporcionalidad y no discriminación.

16. d) Su exclusión del convenio será inmediata.

17. c) Nombre, apellidos, documento de identidad y tipo de poder, entre otros datos.

18. d) Cinco años.

19. c) Identificarse ante un funcionario y prestar su consentimiento expreso.

20. b) Identificar la sede electrónica y garantizar la privacidad de las comunicaciones.

21. b) La adopción de disposiciones de carácter general.

22. d) Los titulares y miembros de los órganos, así como los empleados públicos de la Administración de la Comunidad Autónoma de Cantabria.

23. a) Una referencia específica con la denominación completa de la entidad y, en su caso, del órgano al que identifica.

24. c) Un código único que identifica a un documento electrónico.

25. b) Los procedimientos de generación, validación y conservación de firmas electrónicas.

26. c) Se debe garantizar la seguridad del entorno cerrado de comunicaciones.

27. b) La Dirección General competente en materia de administración electrónica.

28. c) No interrumpen los plazos de los procedimientos administrativos.

29. c) Un documento principal que debe estar firmado electrónicamente.

30. b) Obtener información general o especializada sin efectos jurídicos.

PARTE ESPECÍFICA

TEST N.º 1

Introducción al Sistema Operativo: el entorno Microsoft Windows 10. Trabajo en el entorno gráfico de Windows: ventanas, iconos, menús contextuales y cuadros de diálogo. El escritorio, la barra de tareas y el menú inicio

1. ¿Cuál es la versión anterior al Windows 10?

a) Windows 9.
b) Windows 8.
c) Windows 7.
d) Ninguna es correcta.

2. ¿Con qué otro nombre se conoce también a la nueva interfaz MODERN UI?

a) Metro.
b) UTP.
c) Middle.
d) Las respuestas a) y c) son correctas.

3. El Windows 10 da uso funcional:

a) A ordenadores personales.
b) A teléfonos móviles y tabletas.
c) Solamente en ordenadores posteriores al 2016.
d) Las respuestas a) y b) son correctas.

4. ¿Cuál es una novedad destacada del Windows 10?

a) Microsoft Edge.
b) Escritorios virtuales.
c) Las respuestas a) y b)son correctas.
d) Interfaz Modern UI.

5. ¿Cuál de las siguientes son características nuevas del Microsoft Edge?

a) Anotaciones en páginas.
b) Vista de Lectura.
c) Guía de Lectura.
d) Todas son correctas.

6. ¿Cuál es el uso de Cortana?

a) Asistente personal de escritura.
b) Asistente personal de lectura Web.
c) Asistente personal por voz.
d) Todas son correctas.

7. ¿Cuál de las siguientes es una versión de Windows 10?

a) Home.
b) Enterprise.
c) Education.
d) Todas son correctas.

8. El Continuum:

a) Es un Asistente de escritorios virtuales.
b) Es una nueva característica de Windows 10.
c) Es un asistente para importación de datos móviles.
d) Ninguna es correcta.

9. ¿A qué llamamos "Jump List "?

a) A una aplicación para gestionar listas de contactos.
b) A la leyenda Recientes, Frecuentes, Tareas o Más visitados.
c) A las últimas webs visitadas en la sesión.
d) Ninguna es correcta.

10. Para iniciar sesión de Windows podemos usar:

a) Datos de la cuenta de Gmail.
b) Datos de usuario y clave de la cuenta de Microsoft.
c) Datos de usuario de la cuenta de Microsoft y un PIN.
d) Las respuestas b) y c) son correctas.

11. La opción de inicio Apagado de Windows tiene como opciones:

a) Apagar y Reiniciar.
b) Suspender.

c) Apagar y Reiniciar y Bloqueo.
d) Las respuestas a) y b) son correctas.

12. Los accesos directos se diferencian de los iconos normales en que:

a) Tienen un recuadro blanco con una flecha negra en la parte superior izquierda.
b) Tienen un recuadro blanco con una flecha negra en la parte inferior derecha.
c) Tienen un recuadro blanco con una flecha negra en la parte inferior izquierda.
d) Ninguna es correcta.

13. Físicamente los archivos y carpetas borradas se guardan en la carpeta:

a) Recycle.Bin$
b) $Recycle.Bin
c) $Recycle.Bin$
d) Ninguna es correcta.

14. Windows Defender era conocido anteriormente como:

a) Microsoft Firewall.
b) Microsoft AntiSpyware.
c) Microsoft Protect .
d) Todas son correctas.

15. El centro de actividades de Windows 10:

a) Se visualiza en la barra de tareas.
b) Tiene notificaciones del sistema.
c) No muestra avisos del Windows Update.
d) Todas son correctas.

16. El botón restaurar permite:

a) Ampliar el tamaño de la ventana a toda la pantalla.
b) Ampliar el tamaño de la ventana al 50%.
c) Volver la pantalla a su estado anterior.
d) Las respuestas a) y c) son correctas.

17. La barra de estado suele usarse para:

a) Ofrecer cierta información al usuario.
b) Desplazarse por la pantalla.
c) Las respuestas a) y b) son correctas.
d) Ninguna es correcta.

18. Si te encuentras con una opción atenuada en un menú de Windows indica:

a) Que no es posible usarla con el usuario activo.
b) Que no es posible seleccionarla en estos momentos.
c) Que no es posible seleccionarla salvo que se use su combinación de teclas.
d) Ninguna es correcta.

19. Los menús contextuales de Windows 10 se abren siempre:

a) Con el botón derecho del ratón.
b) Con el botón izquierdo del ratón.
c) Depende de la configuración de Windows.
d) Ninguna es correcta.

20. Si la papelera de reciclaje no aparece en el escritorio de Windows 10, iremos a:

a) Personalización > Configuración > Temas > Configuración de iconos de escritorio.
b) Personalización > Configuración > Iconos > Configuración de iconos de escritorio.
c) Configuración > Personalización > Iconos > Configuración de iconos de escritorio.
d) Configuración > Personalización > Temas > Configuración de iconos de escritorio.

21. ¿Cuál es la principal diferencia entre las ediciones de Windows 10 Pro y Enterprise?

a) Ambas tienen las mismas características y están orientadas a usuarios sin requerimientos especiales.
b) La edición Pro está destinada a usuarios domésticos, mientras que Enterprise incluye características avanzadas para redes corporativas.
c) La edición Enterprise está destinada a usuarios domésticos y la Pro a empresas.
d) Ambas son idénticas en funcionalidades, pero Enterprise es más cara.

22. ¿Cuál es la función principal de la herramienta PowerShell en Windows 10?

a) Gestionar actualizaciones del sistema operativo.
b) Automatizar tareas administrativas mediante scripts.
c) Ejecutar programas y abrir documentos rápidamente.
d) Mejorar el rendimiento de la GPU.

23. ¿Qué hace la característica Continuum en Windows 10?

a) Mejora el rendimiento del sistema en dispositivos con baja capacidad de hardware.
b) Permite que el sistema operativo se adapte automáticamente a diferentes dispositivos y tamaños de pantalla.
c) Aumenta la seguridad del sistema mediante el cifrado de datos.
d) Facilita la instalación de actualizaciones críticas en segundo plano.

24. ¿Cómo se accede a las propiedades del sistema en Windows 10 a través del menú de contexto?

a) Haciendo clic derecho en la barra de tareas y seleccionando "Propiedades".
b) Haciendo clic derecho en "Este equipo" y seleccionando "Propiedades".
c) Haciendo clic derecho en el escritorio y seleccionando "Configuración".
d) Haciendo clic derecho en el botón de Inicio y seleccionando "Sistema".

25. ¿Cuál es la función principal del Centro de actividades en Windows 10?

a) Gestionar actualizaciones del sistema operativo.
b) Mostrar notificaciones del sistema y proporcionar accesos rápidos a configuraciones comunes.
c) Ejecutar aplicaciones en modo seguro.
d) Permitir la instalación de aplicaciones desde fuentes externas a la Tienda de Windows.

Solución al test n.º 1

1. b) Windows 8.

2. a) Metro.

3. d) Las respuestas a) y b) son correctas.

4. c) Las respuestas a) y b) son correctas.

5. d) Todas son correctas.

6. c) Asistente personal por voz.

7. d) Todas son correctas.

8. b) Es una nueva característica de Windows 10.

9. b) A la leyenda Recientes, Frecuentes, Tareas o Más visitados.

10. d) Las respuestas b) y c) son correctas.

11. d) Las respuestas a) y b) son correctas.

12. c) Tienen un recuadro blanco con una flecha negra en la parte inferior izquierda.

13. b) $Recycle.Bin

14. b) Microsoft AntiSpyware.

15. b) Tiene notificaciones del sistema.

16. c) Volver la pantalla a su estado anterior.

17. a) Ofrecer cierta información al usuario.

18. b) Que no es posible seleccionarla en estos momentos.

19. c) Depende de la configuración de Windows.

20. d) Configuración > Personalización > Temas > Configuración de iconos de escritorio.

21. b) La edición Pro está destinada a usuarios domésticos, mientras que Enterprise incluye características avanzadas para redes corporativas.

22. b) Automatizar tareas administrativas mediante scripts.

23. b) Permite que el sistema operativo se adapte automáticamente a diferentes dispositivos y tamaños de pantalla.

24. b) Haciendo clic derecho en "Este equipo" y seleccionando "Propiedades".

25. b) Mostrar notificaciones del sistema y proporcionar accesos rápidos a configuraciones comunes.

TEST N.º 2

**El explorador de Archivos en Windows 10. Gestión de carpetas
y archivos. El Buscador de Archivos y Aplicaciones.
La impresión de documentos. La herramienta Recortes**

1. En el Explorador de Windows 10:

a) Hay Cinta de Opciones.
b) Hay Caja de Búsqueda.
c) Hay panel de navegación.
d) Todas son correctas.

2. La letra A en las unidades de disco:

a) Está en Desuso.
b) Es para unidades extraíbles.
c) Es para disqueteras.
d) Las respuestas a) y c) son correctas.

**3. ¿Cuál de los siguientes símbolos no puede usarse en el nombre de un archivo
de Windows?**

a) \
b) @
c) ?
d) Las respuestas a) y c) son correctas.

4. Un Terabyte son:

a) 1.024 Mb.
b) 1.024 Gb.
c) 1.024 Kb.
d) Ninguna es correcta.

5. La opción "Este equipo" en Windows 10:

a) Se llamaba en versiones anteriores Mi PC.
b) Se llamaba en versiones anteriores Mi Equipo.
c) Se llamaba en versiones anteriores PC.
d) Ninguna es correcta.

6. Windows PowerShell:

a) Es la nueva ayuda en Windows 10.
b) Es el nuevo gestor de arranque del sistema.
c) Es una versión mejorada del intérprete de comandos DOS.
d) Ninguna es correcta.

7. ¿Cuál de los siguientes no es un modo de captura de la herramienta Recortes?

a) Forma Libre.
b) Rectangular.
c) Ventana.
d) Todas son correctas.

8. Para retrasar la captura del recorte en la herramienta de Recortes entre 1 y 5 segundos se puede usar la combinación de teclas:

a) Alt + R.
b) Alt + D.
c) Ctrl + D.
d) Ninguna es correcta.

9. ¿Cuál de los siguientes no es un tipo de imagen que se puede abrir con el PAINT?

a) ICO.
b) TIG.
c) TIFF.
d) JPEG.

10. ¿Cuál de las siguientes no es un accesorio de Windows 10?

a) Notas Rápidas.
b) Grabadora de Sonidos.
c) WordPad.
d) Todos son accesorios correctos.

11. Para la extracción segura de dispositivos USB se usa:

a) Desconexión segura.
b) Desconexión USB.
c) Extracción segura.
d) Ninguna es correcta.

12. Un Megabyte son:

a) 1024 bytes x 8 bits.
b) 1024 bytes.
c) 1024 Kb.
d) Las respuestas a) y c) son correctas.

13. Los nombres de archivo tienen un máximo permitido de:

a) 255 letras.
b) 255 caracteres.
c) En Windows 10 no hay limitación de tamaño.
d) Ninguna es correcta.

14. Para abrir una ventana del Explorador de Windows podemos usar la combinación de teclas:

a) Ctrl + E.
b) Windows + E.
c) Mayus + E.
d) Todas son correctas.

15. La cinta de opciones de Windows 10 tiene:

a) Tres fichas y 5 secciones en la ficha Vista.
b) Tres fichas y 5 secciones en la ficha Inicio.
c) Dos fichas y 5 secciones en la ficha Inicio.
d) Ninguna es correcta.

16. Para seleccionar varios elementos alternativos:

a) Mantenemos pulsada la tecla Shift y hacemos clic sobre los elementos.
b) Mantenemos pulsada la tecla Alt y hacemos clic sobre los elementos.
c) Mantenemos pulsada la tecla Ctrl y hacemos clic sobre los elementos.
d) Las respuestas a) y c) son correctas.

17. Para mover una carpeta lo que hacemos es:

a) Cortar y Mover.
b) Copiar y Pegar.

c) Mover y Pegar.
d) Cortar y Pegar.

18. ¿Para crear una unidad de Red en Windows 10 usamos la opción de "Conectar a unidad de red" que está en la pestaña?

a) Inicio.
b) Vista.
c) Compartir.
d) Ninguna es correcta.

19. ¿Cómo podemos habilitar la opción de imprimir documentos PDF?

a) En Características de Windows, Exportar en PDF de Microsoft.
b) En Características de Windows, Imprimir PDF de Microsoft.
c) En Características de Windows, Imprimir en PDF de Microsoft.
d) Ninguna es correcta.

20. ¿Cuál es el nombre de la aplicación de Windows 10 para digitalizar documentos?

a) Impresoras y escáneres.
b) Windows FAX.
c) Las respuestas a) y b) son correctas.
d) Escáner.

21. ¿Cómo se accede rápidamente a las carpetas que se usan con más frecuencia en Windows 10?

a) Usando la barra de direcciones.
b) Usando la función de búsqueda.
c) Usando la herramienta "Este equipo".
d) Usando "Acceso rápido".

22. ¿Qué acción realiza la combinación de teclas Windows + Izquierda en una ventana activa?

a) Maximiza la ventana.
b) Minimiza la ventana.
c) Hacer snap de la ventana a la izquierda.
d) Cierra la ventana.

23. ¿Qué herramienta de Windows se debe usar para limpiar el disco de archivos innecesarios que se pueden eliminar de forma segura?

a) Desfragmentador de disco.
b) Copia de seguridad.

c) Liberador de espacio en disco.
d) Restaurar sistema.

24. ¿Cómo se puede ver la estructura jerárquica de carpetas en el Explorador de archivos?

a) Usando el panel de detalles.
b) Usando el panel de vista previa.
c) Usando el panel de navegación.
d) Usando la barra de estado.

25. ¿Cuál es el nombre que recibe el área de la ventana del Explorador de archivos donde se muestran los archivos y carpetas contenidos en la ubicación actual?

a) Panel de navegación.
b) Ventana de archivos.
c) Barra de herramientas.
d) Caja de búsqueda.

Solución al test n.º 2

1. d) Todas son correctas.

2. d) Las respuestas a) y b) son correctas.

3. d) Las respuestas a) y c) son correctas.

4. b) 1.024 Gb.

5. a) Se llamaba en versiones anteriores Mi PC.

6. c) Es una versión mejorada del intérprete de comandos DOS.

7. d) Todas son correctas.

8. b) Alt + D.

9. b) TIG.

10. d) Todos son accesorios correctos.

11. a) Desconexión segura.

12. c) 1024 Kb.

13. b) 255 caracteres.

14. b) Windows + E.

15. b) Tres fichas y 5 secciones en la ficha Inicio.

16. c) Mantenemos pulsada la tecla Ctrl y hacemos clic sobre los elementos.

17. d) Cortar y Pegar.

18. d) Ninguna es correcta.

19. c) En Características de Windows, Imprimir en PDF de Microsoft.

20. d) Escáner.

21. d) Usando "Acceso rápido".

22. c) Hacer snap de la ventana a la izquierda.

23. c) Liberador de espacio en disco.

24. c) Usando el panel de navegación.

25. b) Ventana de archivos.

TEST N.º 3 Y 4

**Procesadores de textos: Microsoft Word 2016.
Principales funciones y utilidades. Edición, formato e inserción.
Descripción de las principales pestañas en la cinta de opciones.
Gestión de las Tablas en el procesador de Texto Word 2016.
Plantillas. Combinación de correspondencia. Edición colaborativa:
comentarios y control de cambios. Proteger un documento**

1. ¿Cómo se llama el Tipo de Letra usada en un documento?

a) Formato de Fuente.
b) Fuente.
c) Ambas son correctas.
d) Ninguna es correcta.

2. En el grupo Fuente, el botón de subíndice:

a) Alza el texto seleccionado por debajo de la línea de base.
b) Desciende el texto seleccionado sobre la línea de base.
c) Ambas son correctas.
d) Ninguna es correcta.

3. En un proceso de combinar correspondencia de Word 2016:

a) Podemos insertar campos de una base de datos.
b) Podemos filtrar datos de una base de datos.
c) Ambas son correctas.
d) Ninguna es correcta.

4. SI hacemos clic en el color de Fuente Automático:

a) Se aplica el color definido en el Panel de Control de Windows.
b) Aplica color Negro.
c) Ambas son correctas.
d) Ninguna es correcta.

5. Selecciona el tipo de subrayados correcto:

a) Subrayado Onda Grueso.
b) Subrayado Onda Doble.
c) Ambas son correctas.
d) Ninguna es correcta.

6. En la lista desplegable de Escala, ¿se puede expandir o comprimir el texto entre qué porcentajes?

a) 1 a 1000.
b) 1 a 600.
c) 1 a 450.
d) Ninguna es correcta.

7. La alineación es un comando de Word 2016 que afecta a:

a) La selección de texto.
b) La dirección del texto.
c) Ambas son correctas.
d) Ninguna es correcta.

8. En un proceso de combinar correspondencia de Word 2016 necesitamos:

a) Una base de datos u origen de datos.
b) Un formulario de entrada de campos.
c) Ambas son correctas.
d) Ninguna es correcta.

9. Un estilo de Word 2016 es un conjunto de características de formato:

a) Que se puede aplicar al texto de un documento.
b) Que se puede aplicar a la imagen de un documento.
c) Ambas son correctas.
d) Ninguna es correcta.

10. La combinación de teclas para la alineación centrada es:

a) CTRL + T.
b) CTRL + Q.
c) CTRL + J.
d) Ninguna es correcta.

11. El interlineado se puede definir como:

a) El espacio que hay entre los párrafos de un documento.
b) El espacio que hay entre los caracteres de un párrafo.

c) El espacio que hay entre los párrafos seleccionados.
d) Ninguna es correcta.

12. El botón Borrar Formato:

a) Deja el texto sin formato.
b) Borra todo el Formato de la selección.
c) Ambas son correctas.
d) Ninguna es correcta.

13. Los sangrados en Word 2016:

a) Definen el límite izquierdo de los párrafos de un documento.
b) Definen el límite derecho de los párrafos de un documento.
c) Ambas son correctas.
d) Ninguna es correcta.

14. La sangría francesa:

a) Controla el límite izquierdo de todas las líneas del párrafo menos la segunda.
b) Controla el límite izquierdo de todas las líneas del párrafo menos la última.
c) Controla el límite izquierdo de todas las líneas del párrafo menos la primera.
d) Ninguna es correcta.

15. Para disminuir un nivel en una lista Multinivel de Word 2016 pulsamos:

a) Mayúsculas + Control.
b) Mayúsculas + Ins.
c) Mayúsculas + L.
d) Ninguna es correcta.

16. ¿Cuántas listas desplegables hay en el cuadro de diálogo de Fuente?

a) 4.
b) 3.
c) 6.
d) Ninguna es correcta.

17. La carta modelo en un proceso de combinar correspondencia de Word 2016:

a) Incluirá el texto que no varía.
b) Tendrá la tabla de datos para combinar.
c) Ambas son correctas.
d) Ninguna es correcta.

18. En un proceso de combinar correspondencia de Word 2016 se usan:

a) Cartas y Sobres.
b) Mensajes de correo electrónico.

c) Ambas son correctas.
d) Ninguna es correcta.

19. Un estilo de Word 2016 puede ser:

a) De párrafo, carácter, imagen y tabla.
b) De párrafo, carácter, imagen y lista.
c) De párrafo, carácter, lista y tabla.
d) Ninguna es correcta.

20. La biblioteca de viñetas es:

a) El conjunto de viñetas usadas en el documento actual.
b) El conjunto de viñetas disponibles para usar.
c) El conjunto de viñetas de tipo párrafo.
d) Ninguna es correcta.

21. ¿Cuál de las siguientes no es una alineación válida de una tabla en Word 2016?

a) Ajustar a la izquierda.
b) Ajustar a la derecha.
c) Ajustar al centro.
d) Derecha.

22. ¿Cuál es la combinación de teclas en Word 2016 que sirve para moverse una celda a la izquierda de la actual?

a) Alt + TAB.
b) Flecha izquierda.
c) TAB.
d) Mayúsc + TAB.

23. ¿Cuál de las siguientes afirmaciones es correcta en Word 2016?

a) El botón *Combinar celdas* solo estará activo si hay más de una celda seleccionada en la tabla.
b) El botón *Combinar celdas* solo estará activo si hay una celda seleccionada en la tabla.
c) El botón *Combinar celdas* sólo estará activo si hay menos de cinco celdas seleccionadas en la tabla.
d) El botón *Combinar celdas* solo estará activo si hay más de tres celdas seleccionada en la tabla.

24. Si estando situados en la última celda de la segunda fila de una tabla de Word 2016 pulsamos la tecla TAB, ¿qué sucederá?

a) Si no estamos en la última fila, se creará una nueva fila.
b) Se desplazará a la celda siguiente siempre que no estemos en la penúltima columna.

c) Si es la última fila creará una nueva fila.
d) Se desplazará a la celda anterior.

25. ¿Cuál de los siguientes valores es un tipo correcto para usar en una columna de Word 2016?

a) Párrafo.
b) Fecha/Hora.
c) Número.
d) Booleano.

26. ¿Cuántas opciones de cambio de dirección de texto tenemos en Word 2016?

a) 2.
b) 4.
c) 5.
d) 3.

27. Si tenemos el siguiente texto "CARLOS,TOJEIRO,ALCALÁ,20,47 €,CALLE REAL 25,15002,A CORUÑA" y usamos la utilidad de convertir texto en tabla, con separador de ",", ¿cuántas columnas y filas nos ofrecerá por defecto?

a) 8 columnas y 1 fila.
b) 1 columna y 8 filas.
c) 7 columnas y 1 fila.
d) 1 columna y 7 filas.

28. La extensión de la plantilla por defecto en Word 2016 es:

a) dotx
b) dotm
c) docx
d) dot

29. La combinación de teclas que crea un salto de línea manual es:

a) Control + Enter.
b) Mayúsculas + Enter.
c) Alt + Enter.
d) Control + Alt + Enter.

30. ¿Cuál de las siguientes es un ajuste válido del texto con respecto a una tabla en Word 2016?

a) Alrededor.
b) Estrecho.
c) En línea con el texto.
d) Cuadrado.

31. ¿Cómo se puede acceder al cuadro de diálogo "Fuente" en Word 2016?

a) Desde el menú "Insertar".
b) Pulsando el iniciador de cuadro de diálogo en el grupo "Fuente" de la ficha "Inicio".
c) Usando el atajo Ctrl+F1.
d) A través de la barra de herramientas de acceso rápido.

32. ¿Cuál es la función del panel de navegación en Word 2016?

a) Permite navegar por las páginas de un documento.
b) Permite realizar búsquedas de texto en el documento.
c) Permite ver la estructura del documento a través de los títulos.
d) Todas las anteriores.

33. ¿Cómo se inserta un comentario en Word 2016?

a) Ficha "Revisar", grupo "Comentarios", botón "Nuevo comentario".
b) Ficha "Inicio", grupo "Comentarios", botón "Insertar comentario".
c) Ficha "Insertar", grupo "Comentarios", botón "Añadir comentario".
d) Ficha "Diseño", grupo "Comentarios", botón "Nuevo comentario".

34. ¿Cuál es el dato que se visualiza en la barra de estado con la herramienta "Contar palabras" en Word 2016?

a) Contar el número de caracteres en un documento.
b) Contar el número de páginas en un documento.
c) Contar el número de palabras en un documento.
d) Contar el número de párrafos en un documento.

35. ¿Qué es el interlineado en Word 2016?

a) El espacio vertical entre líneas de texto en un párrafo.
b) El espacio horizontal entre palabras en una línea.
c) El espacio entre columnas en una tabla.
d) El margen alrededor de una imagen.

Solución al test n.º 3 y 4

1. b) Fuente.

2. d) Ninguna es correcta.

3. c) Ambas son correctas.

4. a) Se aplica el color definido en el Panel de Control de Windows.

5. a) Subrayado Onda Grueso.

6. b) 1 a 600.

7. d) Ninguna es correcta.

8. a) Una base de datos u origen de datos.

9. a) Que se puede aplicar al texto de un documento.

10. a) CTRL + T.

11. d) Ninguna es correcta.

12. c) Ambas son correctas.

13. c) Ambas son correctas.

14. c) Controla el límite izquierdo de todas las líneas del párrafo menos la primera.

15. d) Ninguna es correcta.

16. b) 3.

17. a) Incluirá el texto que no varía.

18. c) Ambas son correctas.

19. c) De párrafo, carácter, lista y tabla.

20. b) El conjunto de viñetas disponibles para usar.

21. b) Ajustar a la derecha.

22. d) Mayúsc + TAB.

23. a) El botón *Combinar celdas* solo estará activo si hay más de una celda seleccionada en la tabla.

24. c) Si es la última fila creará una nueva fila.

25. c) Número.

26. d) 3.

27. b) 1 columna y 8 filas.

28. b) dotm

29. b) Mayúsculas + Enter.

30. a) Alrededor.

31. b) Pulsando el iniciador de cuadro de diálogo en el grupo "Fuente" de la ficha "Inicio".

32. d) Todas las anteriores.

33. a) Ficha "Revisar", grupo "Comentarios", botón "Nuevo comentario".

34. c) Contar el número de palabras en un documento.

35. a) El espacio vertical entre líneas de texto en un párrafo.

Hojas de cálculo: Microsoft Excel 2016. Principales funciones y utilidades. Conceptos básicos: libros, hojas, celdas. Descripción de las principales pestañas en la cinta de opciones. Fórmulas y funciones. Gráficos. La introducción y gestión de datos. Proteger un libro

1. Si queremos eliminar un comentario que tiene una celda de Excel 2016, ¿a qué ficha tenemos que acceder?

a) Revisar.
b) Comentarios.
c) Datos.
d) Programador.

2. Las constantes de Excel 2016 pueden ser valores:

a) Numéricos y de tipo texto.
b) Horas y Fechas.
c) Numéricos, de texto, horas y fechas.
d) Numéricos, de texto, horas y fechas y booleanos.

3. Si en una celda aparecen símbolos de sostenido (#####):

a) Está en notación científica negativa.
b) Es un valor de texto incorrecto.
c) El valor no cabe en la altura de la celda.
d) El valor no cabe en la anchura de la celda.

4. Señala lo correcto con respecto al número de hojas que muestra Excel 2016:

a) Muestra 1 hoja de cálculo.
b) Muestra 5 hojas de cálculo.
c) Muestra 10 hojas de cálculo.
d) Es un valor configurable.

5. La opción de ocultar Hoja de Excel 2016 podemos encontrarla en:

a) El botón de lista *Insertar*.
b) El botón de lista *Hoja*.
c) El botón de lista *Formato*.
d) El botón de lista *Eliminar*.

6. La etiqueta de la hoja de cálculo se colorea totalmente cuando:

a) Estás en una hoja distinta.
b) Estás en la propia hoja.
c) Siempre esta coloreada.
d) Si la hoja no está totalmente vacía.

7. En la ficha de Diseño de Página, en el grupo *Configurar Página*, podemos:

a) Definir los márgenes de la hoja.
b) Definir los saltos de página.
c) Definir los márgenes y los saltos de página.
d) Definir los márgenes, los saltos de página pero no el centrado de las páginas.

8. La escala de ajuste de la hoja de cálculo, tiene un valor máximo de:

a) 100 %.
b) 400 %.
c) 250 %.
d) 150 %.

9. Un encabezado en Excel 2016 es la parte de la Hoja que está:

a) Entre el borde inferior y el margen superior.
b) Entre el borde inferior y el margen inferior.
c) Entre el borde superior y el margen superior.
d) Entre el borde superior y el margen superior.

10. El código #N/A es:

a) Error de acceso a la celda.
b) Fórmula matricial.
c) Error de celda.
d) División por 0.

11. Las funciones de Excel 2016 son:

a) Fórmulas predefinidas.
b) Cálculos predefinidos.
c) Argumentos predefinidos.
d) Macros.

12. La función "=SUMA(A1 ; A8 ; A10):

a) Suma todas las celdas desde la A1 a la A8 y además la A10.
b) Suma todas las celdas desde la A1 a la A10 menos la A8.
c) Suma todas las celdas desde la A1 a la A8 y el resultado lo coloca en la A10.
d) Suma las celdas A1, A8 y la A10.

13. La función "=SUMA(A1 ; 3 ; A8):

a) Suma 3 veces la celda A1 y la A8.
b) Suma la celda A1 y 3 veces la celda A8.
c) No es una formula correcta.
d) Suma la celda A1, una constante de 3 y la celda A8.

14. La función RESIDUO:

a) Calcula el interés residual de un préstamo.
b) Devuelve el resto de una división.
c) Calcula la parte entera de una división.
d) No es una función correcta, sería RESTO.

15. La función" =REDONDEAR (B3 ; -2)":

a) Dará un error como resultado.
b) Redondea el valor B3 al valor más cercano a "-2".
c) Redondea el valor B3 y le resta "2".
d) Devuelve como resultado 0.

16. Un gráfico en Excel 2016 puede tener:

a) Eje X.
b) Eje X, Eje Y.
c) Eje X, Eje Y, Eje Z.
d) Eje X y Eje Z.

17. El eje de valores de un gráfico en columnas:

a) Puede ser el eje vertical.
b) Puede ser el eje horizontal.

c) Puede ser el eje vertical u horizontal.
d) Un gráfico de columnas no tiene eje de valores.

18. Si en los rótulos de la lista aparecen botones de lista desplegable es porque:

a) Se ha realizado una ordenación personalizada.
b) Se ha realizado un Filtrado.
c) Se ha realizado un Subtotal.
d) Se ha realizado un Filtro Avanzado.

19. Los datos de una lista de una hoja de cálculo se ordenan:

a) Alfabéticamente.
b) Personalizadamente.
c) Puede ser Alfabéticamente o Personalizadamente.
d) Por la fila de las celdas afectadas.

20. El área de trazado de un gráfico:

a) Es el área total ocupada por el gráfico.
b) Es el área que ocupa la representación de las series de datos.
c) Es el área que ocupan el título y la leyenda del gráfico.
d) Es el área que ocupa la leyenda y los rótulos de datos.

21. ¿Qué fórmula utilizarías para contar el número de celdas en el rango A1:A10 que contienen números mayores a 50 y menores o iguales a 100?

a) =CONTAR.SI(A1:A10; ">50" & "<=100")
b) =CONTAR.SI.CONJUNTO(A1:A10; ">50"; A1:A10; "<=100")
c) =CONTAR.SI.CONJUNTO(A1:A10; ">50" & "<=100")
d) =SUMAR.SI.CONJUNTO(A1:A10; ">50"; A1:A10; "<=100")

22. Dada la fórmula: "=REDONDEAR.MAS(15,678; 2)", ¿cuál es el valor que devolverá?

a) 15,67
b) 15,6
c) 15,7
d) 15,68

23. ¿Qué resultado devolverá la fórmula "=DERECHA("Excel 2019"; 4)"?

a) "2019"
b) "201"

c) "Excel"
d) "cel 2019"

24. ¿Qué valor devolverá la fórmula "=SI.ERROR(BUSCARH("Producto"; A1:E5; 3; FALSO); "No encontrado")" si "Producto" no se encuentra en la primera fila del rango A1:E5?

a) #N/A
b) #¡VALOR!
c) "Producto"
d) "No encontrado"

25. Dada la fórmula: "=RESIDUO(29; 6)", ¿cuál es el valor que devolverá?
a) 4
b) 5
c) 6
d) 3

26. En la celda B5, de una hoja de cálculo tenemos una cantidad de minutos totales de "210", y en la celda B4, una cantidad en horas de "19". Queremos que todos los minutos posibles pasen a ser horas , quedando unos valores de "30" en B5, y de "22" en B4. ¿Cuál podría ser una función válida para calcular las horas?

a) =B4+(B5/60)*30
b) =B4+COCIENTE(B5;60)-30
c) =B4+ENTERO(B5/60)
d) = B4+RESIDUO(B5;60)

27. Si en la celda B3 de una hoja de cálculo, escribimos la siguiente expresión:

"=Si(O(B1=B2;B1<B2);ABS(-B1)^2-B1*B2; B1-B2* ABS(B1)^2)"

Suponiendo que la celda B1=4 y B2 es la cuarta parte de B1 ¿Cuál será el resultado?

a) 12
b) 0
c) #ERROR
d) -12

Solución al test n.º 5

1. a) Revisar.

2. c) Numéricos, de texto, horas y fechas.

3. d) El valor no cabe en la anchura de la celda.

4. d) Es un valor configurable.

5. c) El botón de lista Formato.

6. a) Estás en una hoja distinta.

7. c) Definir los márgenes y los saltos de página.

8. b) 400 %.

9. c) Entre el borde superior y el margen superior.

10. c) Error de celda.

11. a) Fórmulas predefinidas.

12. d) Suma las celdas A1, A8 y la A10.

13. d) Suma la celda A1, una constante de 3 y la celda A8.

14. b) Devuelve el resto de una división.

15. d) Devuelve como resultado 0.

16. c) Eje X, Eje Y, Eje Z.

17. c) Puede ser el eje vertical u horizontal.

18. b) Se ha realizado un Filtrado.

19. c) Puede ser Alfabéticamente o Personalizadamente.

20. b) Es el área que ocupa la representación de las series de datos.

21. b) =CONTAR.SI.CONJUNTO(A1:A10; ">50"; A1:A10; "<=100")

22. d) 15,68

23. a) "2019"

24. d) "No encontrado"

25. b) 5

26. c) =B4+ENTERO(B5/60)

27. d) -12

TEST N.º 6

**Correo Electrónico y Microsoft Outlook 2016.
Conceptos elementales y funcionamiento. Las cuentas de correo.
Componer y enviar correo. Recibir y gestionar correo.
La libreta de direcciones. Lista de carpetas. Lista de contactos.
Lista de tareas. Calendario. Gestión de citas y reuniones**

1. Di cuáles son direcciones de correo válidas:

a) persona@proveedorcom
b) www.proveedor.com
c) persona.proveedor.com
d) cta@cts.es.

2. La parte de la izquierda de una dirección de correo electrónico se denomina:

a) Dominio.
b) Organización.
c) Dominio de organización.
d) Nombre de Usuario.

3. ¿Cuál de los siguientes no es un proveedor de correo?

a) Yahhoo.
b) Hotmail.
c) msn.
d) Gmail.

4. Los clientes de correo POP:

a) Tienen que estar conectados todo el tiempo.
b) Los mensajes se descargan de golpe si están disponibles.
c) Los mensajes se descargan parcialmente aun sin estar disponibles.
d) Tienen que estar conectados a intervalos de 15'.

5. ¿Qué es un Hoax?

a) Un Bulo o Noticia falsa.
b) Suplantación de identidad.
c) Un virus.
d) Un error de configuración en el navegador.

6. El protocolo SMTP:

a) Permite recibir mensajes.
b) Permite enviar mensajes.
c) Permite enviar y recibir mensajes.
d) No es un protocolo.

7. Cuando un usuario envía un correo:

a) El mensaje se dirige primero hasta el buzón de correo de su proveedor de internet.
b) El mensaje se dirige primero hasta el buzón de correo del proveedor de internet del destinatario.
c) El mensaje se dirige primero hasta el buzón de correo del proveedor de internet del destinatario si es de tipo POP.
d) El mensaje se dirige primero hasta el buzón de correo del proveedor de internet del destinatario si es de tipo SMTP.

8. En Microsoft Outlook 2016 se pueden configurar:

a) Correos gratuitos.
b) Correos de proveedor de pago.
c) Tanto correos gratuitos como de proveedores de pago.
d) Correos de proveedor de pago, pero con licencia empresarial.

9. En la opción de *Calendario*, ¿cuál no es una vista válida?

a) Anual.
b) Semana.
c) Mes.
d) Semana laboral.

10. La carpeta de correo no deseado o Spam contiene:

a) Correos recibidos con origen desconocido.
b) Correos enviados con destino sospechoso.
c) Correos recibidos o enviados con origen desconocido.
d) Correos enviados con destino sospechoso de los últimos 30 días.

11. Al pulsar la opción de imprimir de la ficha archivo, en Outlook 2016, podemos elegir en la configuración entre "tabla" o "memorando"; ¿qué diferencia existe entre ambas opciones?

a) *Tabla* imprime la lista de correos y *Memorando* el correo seleccionado.

b) *Tabla* imprime el correo seleccionado y *Memorando* la lista de correos.

c) *Tabla* imprime el correo seleccionado y *Memorando* permite modificar la configuración de la impresión.

d) *Tabla* imprime el correo seleccionado en formato tabular y *Memorando* solo el asunto.

12. La opción "Responder a todos":

a) Responde al remitente y a los usuarios de la lista de contactos seleccionados previamente.

b) Responde al remitente y al resto de usuarios que estén en el mensaje.

c) Responde al remitente y solo a los usuarios del mensaje que estén en el CC.

d) Responde al remitente y solo a los usuarios del mensaje que estén en el "Para".

13. Los destinatarios del campo CC:

a) No son visibles para los del campo CCO.

b) Solo son visibles para los del campo PARA.

c) Solo son visibles para los del campo CC.

d) Son visibles para todos los destinatarios.

14. Las prioridades del mensaje pueden tener prioridad:

a) Alta y Media.

b) Alta, Media y Baja.

c) Alta y Baja.

d) Alta, Media y Normal.

15. La parte del entorno que permite ver una vista previa del correo seleccionado se llama:

a) Panel de lectura.

b) Visor de lectura.

c) Vista de lectura.

d) Panel de Vista.

16. Al reenviar un mensaje en el asunto aparecerá:

a) RE:

b) RW:

c) RS:

d) RV.

17. ¿Cuál de las siguientes opciones no es configurable en las Tareas de Outlook 2016?

a) Periodicidad.
b) Aviso.
c) Importancia alta.
d) Día completo.

18. Las reglas pueden aplicarse a:

a) Solo para mensajes que se reciban.
b) Solo para mensajes que se envían.
c) Para mensajes que se envían o reciben.
d) Solo para mensajes que se envían de un determinado remitente.

19. La extensión de los archivos de archivado de mensajes es:

a) PST.
b) PTS.
c) PAT.
d) ICS.

20. Actualmente la capacidad de una cuenta de Gmail es de:

a) 15 Gb.
b) 15 Mb.
c) 20 Gb.
d) 20 Mb.

21. ¿Cuál es el propósito del campo CCO (Copia Carbón Oculta) al enviar un correo en Outlook?

a) Mostrar el correo solo al remitente.
b) Enviar una copia del correo sin que los destinatarios principales vean quién más lo ha recibido.
c) Asegurar que el correo se envíe con alta prioridad.
d) Filtrar correos no deseados.

22. ¿Qué ocurre si marcas un mensaje como "Correo no deseado" en Outlook?

a) El mensaje se elimina permanentemente.
b) El mensaje se mueve a la carpeta "Correo no deseado".
c) El mensaje se marca como leído.
d) El mensaje se reenvía automáticamente a todos los contactos.

23. Estamos haciendo una búsqueda en el panel de mensajes de Outlook. Concretamente queremos buscar los elementos que contengan "Carlos", pero no "Tojeiro". ¿Qué búsqueda será correcta?

a) Carlos NO Tojeiro.
b) Carlos NULL Tojeiro
c) Carlos NOT Tojeiro.
d) Carlos - Tojeiro

24. ¿En qué Panel y grupo está la opción para poder activar el CCO en Outlook?

a) Opciones / Mostrar Campos.
b) Opciones / Campos
c) Envío / Campos .
d) Envío y Recepción / Campos.

Solución al test n.º 6

1. d) cta@cts.es.

2. d) Nombre de Usuario.

3. a) Yahhoo.

4. b) Los mensajes se descargan de golpe si están disponibles.

5. a) Un Bulo o Noticia falsa.

6. b) Permite enviar mensajes.

7. a) El mensaje se dirige primero hasta el buzón de correo de su proveedor de internet.

8. c) Tanto correos gratuitos como de proveedores de pago.

9. a) Anual.

10. a) Correos recibidos con origen desconocido.

11. a) Tabla imprime la lista de correos y Memorando el correo seleccionado.

12. b) Responde al remitente y al resto de usuarios que estén en el mensaje.

13. d) Son visibles para todos los destinatarios.

14. c) Alta y Baja.

15. a) Panel de lectura.

16. d) RV.

17. d) Día Completo.

18. c) Para mensajes que se envían o reciben.

19. a) PST.

20. a) 15 Gb.

21. b) Enviar una copia del correo sin que los destinatarios principales vean quién más lo ha recibido.

22. b) El mensaje se mueve a la carpeta "Correo no deseado".

23. a) Carlos NO Tojeiro.

24. a) Opciones / Mostrar Campos.

TEST N.º 7

La Red Internet: origen, evolución y estado actual. Conceptos básicos sobre protocolos y servicios en Internet. Navegadores Google Chrome y Microsoft Edge: favoritos, historial, búsqueda, certificados personales. Navegación segura: sitios seguros y protocolo HTTPS

1. El nacimiento de Internet se dio en:

a) Los años 80.
b) A raíz de la guerra fría.
c) A raíz de la conquista del espacio.
d) Ninguna de las anteriores.

2. Uno de los grandes cambios en la humanidad que se han producido gracias a Internet se podría decir que es:

a) La facilidad para realizar tareas.
b) La facilidad para realizar cálculos complejos.
c) La globalidad y la facilidad de llevar información en poco tiempo a lugares lejanos.
d) Ninguna de las anteriores se puede considerar un gran cambio.

3. Indica la abreviatura correcta de "Línea de abonado digital asimétrica":

a) HTTP.
b) FTP.
c) ADLS.
d) ADSL.

4. Para devolver resultados a partir de datos introducidos, las páginas usan:

a) GIC.
b) CIG.
c) CGI.
d) Ninguna de las anteriores.

5. Para bloquear el acceso a usuarios indeseados usaremos:

a) Exploradores.
b) Cookies.
c) Firewall.
d) Ninguna de las anteriores.

6. Un sistema de conversación en línea que actualmente está en desuso es:

a) Emails.
b) Blogs.
c) IRC.
d) Ninguna de las anteriores.

7. Una de las características del protocolo TCP es:

a) Se usa para enviar emails.
b) Cada paquete lleva la dirección de destino.
c) Se usa para recibir emails.
d) Ninguna de las anteriores.

8. En el protocolo TCP el destino:

a) Recibe todos los paquetes sin comprobarlos.
b) Recibe algunos paquetes y supone los otros.
c) Al recibir los paquetes comprueba que están todos.
d) Ninguna de las anteriores.

9. Una de las formas usadas para evitar agotar las direcciones IP es:

a) No asignar IPs a menos que se cumplan ciertos requisitos.
b) Dividir los sistemas en redes privadas y públicas.
c) No se usa ningún sistema para evitar agotar las direcciones y habrá que buscar alternativas.
d) Ninguna de las anteriores.

10. Lo más valorable en los contenidos de la red debería ser:

a) Complejidad técnica y visual.
b) Rapidez.
c) Simplicidad y claridad de ideas.
d) Ninguna de las anteriores.

11. Se podría considerar que uno de los buscadores más importantes de contenidos es:

a) Microsoft.
b) Softonic.
c) Google.
d) Tripadvisor.

12. Los enlaces a páginas web o partes de un documento se denominan:

a) Vínculos.
b) Webs.
c) Emails.
d) Cookies.

13. Para que el navegador adquiera la información de la propia página:

a) Usamos la caché.
b) Debemos evitar la caché refrescando.
c) No podemos hacerlo porque es automático.
d) Ninguna de las anteriores.

14. Una de las utilidades que se le dan a las cookies es:

a) Agilizar la navegación.
b) Lanzar publicidad más directa al usuario.
c) No tienen utilidad especial porque son un elemento necesario para la navegación.
d) Ninguna de las anteriores.

15. En los navegadores podremos:

a) Tener distintos niveles de seguridad según el tipo de página visitada.
b) Guardar los elementos más visitados.
c) Acceder a los contenidos existentes en la red.
d) Todas las anteriores son correctas.

16. El antivirus:

a) Nos protege de archivos dañinos.
b) Debe estar actualizado.
c) Nunca se debe deshabilitar.
d) Todas las anteriores son correctas.

17. Dentro de la ciberética se plantearon diversos temas entre los que podemos encontrar:

a) Utilidad de buscadores.
b) Rapidez en navegación.
c) Intimidad y derecho al honor.
d) Ninguna de las anteriores.

18. Una de las características del historial es:

a) Permanece oculto a no ser que se solicite su visibilidad.
b) Nunca se puede eliminar.
c) Nunca se puede ocultar.
d) Ninguna de las anteriores.

19. Cuando hablamos de internet y navegadores:

a) Se debe procurar navegar rápidamente.
b) Se debe intentar no dejar rastros.
c) Las imágenes se suelen optimizar en tamaño y calidad.
d) Ninguna de las anteriores.

20. Al proveedor de servicios de Internet se le denomina:

a) IPS.
b) SPI.
c) ISP.
d) SIP.

Solución al test n.º 7

1. b) A raíz de la guerra fría.

2. c) La globalidad y la facilidad de llevar información en poco tiempo a lugares lejanos.

3. d) ADSL.

4. c) CGI.

5. c) Firewall.

6. c) IRC.

7. b) Cada paquete lleva la dirección de destino.

8. c) Al recibir los paquetes comprueba que están todos.

9. b) Dividir los sistemas en redes privadas y públicas.

10. c) Simplicidad y claridad de ideas.

11. c) Google.

12. a) Vínculos.

13. b) Debemos evitar la caché refrescando.

14. b) Lanzar publicidad más directa al usuario.

15. d) Todas las anteriores son correctas.

16. d) Todas las anteriores son correctas.

17. c) Intimidad y derecho al honor.

18. a) Permanece oculto a no ser que se solicite su visibilidad.

19. c) Las imágenes se suelen optimizar en tamaño y calidad.

20. c) ISP.

Cómo acceder al Curso

Cuerpo General Auxiliar
Test

El uso de los códigos **es exclusivo de los compradores de los productos de Editorial MAD**. Cada producto posee un código único y de un solo uso. Es personal e intransferible y da acceso a servicios y contenidos adicionales. Editorial MAD se reserva el derecho de hacer cuantas comprobaciones sean necesarias para identificar al legítimo poseedor del código y dejar de dar servicio a quien haga uso fraudulento del mismo, además de emprender cuantas acciones legales estime oportunas según la legislación vigente.

Deberás acceder a:

mad.es/registro-campus

Si una vez aceptadas las condiciones de uso del Campus decides hacer uso del mismo, necesitarás del siguiente código de acceso junto con los códigos del resto de títulos que se exigen (si fuera el caso):

Q2UENPSTF4